이화 한국어

이화 한국어 1-1 (日本語版)

지은이 이화여자대학교 언어교육원

펴낸날 1판 1쇄 2010년 6월 24일
4쇄 2017년 3월 10일

펴낸이 권은미 **펴낸곳** 이화여자대학교출판문화원
주소 서울특별시 서대문구 이화여대길 52(우 03760) **등록** 1954년 7월 6일 제9-61호
전화 02) 3277-2965(편집), 02) 362-6076(마케팅)
팩스 02) 312-4312 **전자우편** press@ewha.ac.kr **홈페이지** www.ewhapress.com

책임편집 이혜지 **디자인** design **Vita** **조판** design **Vita**, 정혜진 **번역** 이즈미 지하루
일러스트 양승용 **사진** 정영진, 김정원, 이화여자대학교 언어교육원, 이화여자대학교 홍보과
녹음 정영진@e-sound studio **성우** 유남희, 최정호, 이즈미 지하루 **인쇄** 한영문화사

ISBN 978-89-7300-877-3 18710
978-89-7300-875-9 (세트)
값 16,000원 (CD 포함)

* 사진 촬영에 협조해 주신 Van Den Peereboom Gilles E. M., Qiao Shanshan, Biernath Anne Madlen, Suzuki Makiko, Ishizawa Shinji, Saygi Kemal 씨, 이화여자대학교 언어교육원 학생들과 이화여자대학교 학생들에게 감사를 드립니다.

* 잘못된 책은 바꾸어 드립니다.

이화여자대학교 언어교육원
梨花女子大学校 言語教育院

이화 한국어

이미혜 · 김현진 · 구재희 · 윤영 · 이수행 · 권경미 · 유선희 지음

日本語版

1-1

KOREAN Ewha

EPRESS

책을 펴내면서

이화여자대학교 언어교육원은 국내 최초의 의사소통 중심 교재『말이 트이는 한국어(Pathfinder in Korean)』를 발간한 지 12년 만에 새로운 의사소통 중심 교재『이화 한국어(Ewha Korean)』를 발간하게 되었습니다. 지난 10여 년 동안『말이 트이는 한국어(Pathfinder in Korean)』는 세계 각국에서 한국어 교재로 널리 사용되어 왔으며 현재까지도 외국인들에게 한국어 학습의 좋은 길잡이가 되고 있습니다. 그러나 새로운 시대 흐름에 맞춘 교재 집필이 필요하다고 생각되어 언어교육원에서는 2008년부터『이화 한국어(Ewha Korean)』 개발에 착수하였으며, 교육과학기술부의 '2009 한국어 연수 프로그램 지원사업'에 선정되어 교재 개발에 박차를 가할 수 있게 되었습니다. 그리고 지난 일 년 간 언어교육원 한국어 과정에서 몇 차례의 시험 사용, 수정 작업을 거쳐 발간하기에 이르렀습니다.『이화 한국어(Ewha Korean)』 시리즈는 1급에서 6급까지 총 26권의 교재와 연습서로 구성되며, 앞으로 단계적으로 발간될 예정입니다.

『이화 한국어(Ewha Korean)』는 말하기 · 듣기 · 읽기 · 쓰기의 통합 교재이며 초급부터 고급까지 연계적으로 구성되어 있습니다. 이 교재는 네 가지 언어 기능의 균형 있는 발전을 유도하면서도 특히 말하기 능력을 강화하도록 고안된 것이 특징입니다. 말하기 연습을 유도하는 장치로 'Try it'을 활용하였는데 이것은 외국인 학습자가 주도적으로 대화를 이끌어 갈 수 있도록 담화 순서와 문장의 핵심어를 담은 것입니다. 이 장치를 따라 말하기 연습을 함으로써 학습자는 단순 암기 방식에서 벗어나서 주도적으로 대화를 이끌어 가는 능력을 기를 수 있을 것입니다. 또한 최근 학습자 성향과 편의를 고려하여 1~3급은 교재를 두 권으로 구성하였으며, 1급과 2급은 영어, 일본어, 혹은 중국어로 설명을 넣는 등 세밀하게 학습자 요구를 반영하고자 하였습니다.

이화여자대학교 언어교육원을 대표하여,『이화 한국어(Ewha Korean)』가 출간되기까지 이 책의 저자들이 쏟은 열정과 노고에 대해서 깊은 감사를 드립니다. 또한 내용 구성에 많은 조언을 해 주신 이해영, 김영규, 최형용, 박선희 교수님께 감사의 말씀을 드리며, 문학 부분에 조언을 해 주신 김현자 교수님께도 감사의 말씀을 드립니다. 또한 편집과 출판을 맡아 주신 이화여자대학교출판부에도 고마움을 전합니다.

앞으로『이화 한국어(Ewha Korean)』가 국내외에서 한국어 교재로 널리 활용되어 한국어를 쉽고 재미있고 효과적으로 교수 · 학습하는 데 기여하기를 기대합니다.

2010년 6월

이화여자대학교 언어교육원

원장 양 혜 순

発刊にあたって

梨花女子大学校 言語教育院は、韓国内で最初のコミュニケーション中心の教材『말이 트이는 한국어(Pathfinder in Korean)』を発刊してから、12年ぶりに新しいコミュニケーション中心の教材『이화 한국어(Ewha Korean)』を発刊することになりました。これまでの10数年間、『말이 트이는 한국어(Pathfinder in Korean)』は韓国語教材として世界各国で広く使われ、現在も外国人に韓国語学習のよき道しるべとなってきました。しかし、新しい時代に合った教材の執筆が必要と考えられ、言語教育院では2008年から『이화한국어(Ewha Korean)』の開発に着手し、教育科学技術部(文部科学省にあたる)の'2009韓国語研修プログラム支援事業'に選ばれ、教材開発に拍車をかけることができました。そして、この1年間、言語教育院韓国語課程では、数回に渡るテスト使用と修正作業を経て発刊に至りました。『이화 한국어(Ewha Korean)』シリーズは1級から6級まで全26巻の教材と練習帳によって構成され、今後、順次発刊していく予定です。

『이화 한국어(Ewha Korean)』は話す・聞く・読む・書くの総合教材であり、初級から上級まで体系的に構成されています。この教材は４つの言語技能をバランスよく習得するよう促しながらも、特に話す能力を高めるように考案されていることが特徴です。話す練習には'Try it'を活用しますが、これは外国人学習者が自ら会話をリードすることができるように談話の順序とキーワードを提示しました。この'Try it'に沿って話す練習をすることで、学習者は単なる暗記ではなく自らが積極的に会話をリードする能力を育てることができるのです。また、学習者が使いやすいように1～3級の教材を各々2冊構成にし、1級と2級は英語、日本語、あるいは中国語の説明を入れるなど細かい学習者の要望に応じました。

梨花女子大学校 言語教育院を代表して、『이화 한국어(Ewha Korean)』が出版されるにあたり、本書の著者が注いだ情熱と労苦に深く感謝いたします。また、内容構成に多くのアドバイスをいただいたイ・ヘヨン(李海瑛)、キム・ヨンギュ(金榮奎)、チェ・ヒョンヨン(崔炯龍)、パク・ソニ(朴善姫)教授に心より感謝申し上げます。また、文学に関してアドバイスをいただいたキム・ヒョンジャ(金賢子)教授にも感謝申しあげます。そして、出版を快く引く受けてくださった梨花女子大学校出版部にも感謝の気持を表したいと思います。

今後、『이화 한국어(Ewha Korean)』が国内外で韓国語教材として広く活用され、韓国語を易しく、楽しく、効果的に教え、学習することができるよう期待する次第です。

2010年6月

梨花女子大学校 言語教育院

院長ヤン・ヘスン(梁恵順)

차례 目次

교재 구성표

단원	제목	내 용			
		Part 1		Part 2	
		준비합시다	말해 봅시다	준비합시다	말해 봅시다
1	한국어와 한글	한국어와 한글 소개		한글 익히기	
2	소개	입니다, 입니까 은/는(주제)	인사 나누기 표현 만났을 때 인사하기 이름 소개하기 국적 묻기 발음 입니다 [임니다]	이/가 아닙니다 수 ①	자기 소개하기 표현 직업 묻기 상대방의 이야기를 듣고 반응하기 만났을 때 반가움 표현하기
3	학교 생활	–습니다, –습니까 이/가 을/를 어휘 학교생활	한국 생활에 대해 말하기 표현 한국 생활에 대해 묻기 발음 한국어 [한구거]	날짜 에(방향)	수업 일정에 대해 말하기 표현 날짜 묻기 요일 묻기
4	집	이, 그, 저 에(위치) 하고, 과/와 어휘 위치	기숙사 시설 위치 알려 주기 표현 시설 위치 묻기 부탁하기 발음 있습니다 [읻씀니다]	–(으)세요 (으)로(방향)	장소 위치 설명하기 표현 장소 위치 묻기 방향 지시하기
5	하루 일과	수 ② 시간 에(시간) 어휘 일상생활	스포츠센터 프로그램 정보 얻기 표현 프로그램에 대해 묻기 발음 여덟 [여덜]	부터~까지 –아/어요	하루 일과 말하기 표현 시간 말하기
6	주말	에서(장소) 안 으 탈락 어휘 주말 활동 시간 관련 어휘	주말 활동 이야기하기 표현 주말 활동에 대해 묻기 부러움 표현하기 발음 같이 [가치]	–았/었– 도	여행 경험 말하기 표현 지난 휴가에 대해 묻기
7	가족	나이 은/는(대조)	친구에게 형제 소개하기 표현 형제의 수 묻기	–(으)시– ㄹ 탈락 만 어휘 가족 관계 직업	친구에게 가족 소개하기 표현 가족의 수 묻기 나이 묻기 발음 어떻게 [어떠케]

내 용			
Part 3		**Culture & Literature**	
들어 봅시다	읽고 써 봅시다	문화 알아보기	문학 맛보기
문장 만들기		_	
전화번호를 묻는 대화 듣기 표현 감사 표현하기 층, 호수 묻기	자기 소개의 글 읽고 쓰기	한국인의 이름과 호칭	개구리 (시)
학교생활에 대한 대화 듣기	동아리 안내문 읽고 쓰기	한국의 교육 제도	일요일 행진곡 (시)
물건 위치를 묻는 대화 듣기	집 소개의 글 읽고 쓰기	온돌	섬 (시)
하숙집 생활에 대한 대화 듣기 표현 식사 시간 묻기	하루 일과에 대한 글 읽고 쓰기	한국인과 수	오륙도 (시조)
어제 한 일에 대한 대화 듣기 표현 망설임 표현하기	여행 경험에 대한 글 읽고 쓰기	한국인의 주말 활동	고백 (시)
가족사진에 대한 대화 듣기	가족 소개의 글 읽고 쓰기	가족 호칭	엄마야 누나야 (시)

教材構成表

<table>
<tr><th rowspan="3">単元</th><th rowspan="3">題目</th><th colspan="4">内容</th></tr>
<tr><th colspan="2">Part 1</th><th colspan="2">Part 2</th></tr>
<tr><th>文法と語彙</th><th>話す</th><th>文法と語彙</th><th>話す</th></tr>
<tr><td>1</td><td>韓国語とハングル</td><td colspan="2">韓国語とハングルの紹介</td><td colspan="2">ハングルに慣れよう</td></tr>
<tr><td>2</td><td>紹介</td><td>입니다, 입니까
은/는 (主題)</td><td>挨拶を交わす
表現 会ってあいさつをする
名前を紹介する
国籍を尋ねる
発音 입니다 [임니다]</td><td>이/가 아닙니다
수 ①</td><td>自己紹介をする
表現 職業を尋ねる
相手の話を聞いて応える
会って嬉しい気持を表現する</td></tr>
<tr><td>3</td><td>学校生活</td><td>−습니다, −습니까
이/가
을/를
語彙 学校生活</td><td>韓国での生活について話す
表現 韓国での生活について尋ねる
発音 한국어 [한구거]</td><td>날짜
에 (方向)</td><td>授業日程について話す
表現 何月何日か尋ねる
曜日を尋ねる</td></tr>
<tr><td>4</td><td>家</td><td>이, 그, 저
에 (位置)
하고, 과/와
語彙 位置</td><td>寮内の施設の位置を教える
表現 施設の位置を尋ねる
頼む
発音 있습니다 [읻씀니다]</td><td>−(으)세요
(으)로 (方向)</td><td>目的地の位置を説明する
表現 目的地の位置を尋ねる
方向を示す</td></tr>
<tr><td>5</td><td>一日の生活</td><td>수 ②
시간
에 (時間)
語彙 一常生活</td><td>スポーツセンターのプログラム情報を入手する
表現 プログラムについて尋ねる
発音 여덟 [여덜]</td><td>부터 ~까지
−아/어요</td><td>一日の生活を話す
表現 時間帯を話す</td></tr>
<tr><td>6</td><td>週末</td><td>에서 (場所)
안
으 탈락
語彙 週末の過ごし方
時間に関連した語彙</td><td>週末の過ごし方を話す
表現 週末の過ごし方について尋ねる
うらやましい気持ちを表現する
発音 같이 [가치]</td><td>−았/었−
도</td><td>旅行の経験を話す
表現 この前の休暇について質問する</td></tr>
<tr><td>7</td><td>家族</td><td>나이
은/는 (対照)</td><td>友達に兄弟を紹介する
表現 兄弟の人数を尋ねる</td><td>−(으)시−
ㄹ 탈락
만
語彙 家族関係
職業</td><td>友達に家族を紹介する
表現 家族の人数を尋ねる
年齢を尋ねる
発音 어떻게 [어떠케]</td></tr>
</table>

内容			
Part 3		Culture & Literature	
聞く	読んで書く	文化	文学
書いてみよう		—	
電話番号を尋ねる対話を聞く 表現 感謝の表現をする 階、ルームナンバーを尋ねる	自己紹介文を読んで書く	韓国人の名前と呼び方	개구리 (詩)
学校生活についての対話を聞く	サークルの案内文を読んで書く	韓国の教育制度	일요일 행진곡 (詩)
物の位置を尋ねる対話を聞く	家を紹介する文章を読んで書く	オンドル	섬 (詩)
下宿生活についての対話を聞く 表現 食事の時間を尋ねる	一日の生活についての文章を読んで書く	韓国人と数	오륙도 (詩調)
昨日したことについての対話を聞く 表現 ためらいを表現する	旅行の経験についての文章を読んで書く	韓国人の週末の過ごし方	고백 (詩)
家族写真についての対話を聞く	家族を紹介する文章を読んで書く	家族の呼び方	엄마야 누나야 (詩)

교재 구성과 사용법 教材の構成と使用法

- 『이화 한국어 1-1』은 1~7과, 『이화 한국어 1-2』는 8~15과로 이루어져 있습니다.
  <梨花韓国語1-1>は1課~7課、<梨花韓国語1-2>は8課~15課から成っています。

- 1과 '한국어와 한글'은 한글 자모를 읽히고 한국어 문장 구성을 익히는 기초 단원입니다.
  1課'韓国語とハングル'はハングルの母音と子音を読めるようにし、韓国語の文章の構成を身につけさせる基礎単元です。

- 2과부터 각 단원은 Part 1, 2, 3과 'Culture & Literature'로 구성되어 있습니다. Part 1, 2, 3은 문법, 말하기, 듣기, 읽기, 쓰기를 학습하는 부분이며, 'Culture & Literature'는 한국의 문화를 알아보고 문학 작품을 접해 보는 부분입니다.
  2課からの各単元はPart1、2、3と'Culture&Literature'で構成されています。Part1、2、3は文法、話す、聞く、読む、書くを学習する部分で、'Culture&Literature'は韓国の文化を知り文学作品に接してみる部分です。

단원 구성 単元の構成

단원 표지 単元の表紙

사진 자료로 단원의 내용을 알 수 있도록 보여 줍니다.
写真の資料で単元の内容をわかりやすく伝えています。

단원의 학습 내용과 목표를 알려 줍니다.
単元の学習内容と目標を伝えています。

Part1
Part2

준비합시다와 말해 봅시다로 구성되어 있습니다. 준비합시다에서 2~3개의 문법과 어휘들을 학습하고, 말해 봅시다에서 실제적인 말하기 과제를 연습해 봅니다.

準備しよう(준비합시다)と話してみよう(말해 봅시다)で構成されています。準備しようで2~3の文法と語彙を学習し、話してみようでは実際に話す課題(Task)を練習してみます。

문법을 학습하기 전에 학생이 문법의 쓰임과 의미에 대해 생각해 볼 수 있도록 간단한 질문을 제시했습니다.
文法は学習する前に、学習者が文法の使い方と意味について考えることができるように、簡単な質問を提示しました。

상황이 있는 그림과 예문으로 문법이 언제, 어떻게 사용되는지를 알려 줍니다.
状況が描かれている絵と例文で、文法がいつ、どのように使われているかを示しています。

문법의 의미(쓰임)를 명확하게 알 수 있도록 설명을 제시했으며, 형태 정보를 도식화하여 간략하게 보여 주고 예를 제시했습니다. (N = 명사, A = 형용사, V = 동사)
文法の意味(使われ方)がはっきり分かるように説明し、形態の情報を図式化して簡略に示し、例を提示しました。
(N=名詞, A=形容詞, V=動詞)

문법 연습을 말하기 활동으로 제시했습니다. 연습 방법을 알 수 있도록 번역된 지시문과 〈보기〉를 제시했습니다.
文法練習を話す活動によって提示しました。練習の方法をわかりやすく翻訳された指示文と<例>によって提示しました。

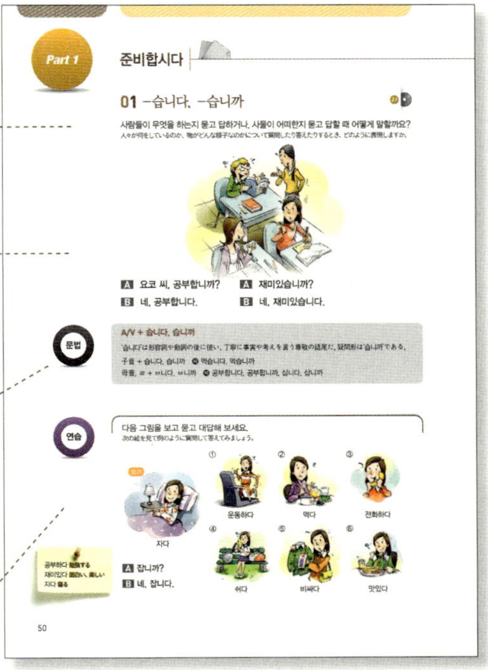

단원 주제와 관련된 어휘들을 그림과 함께 제시했습니다.
単元の主題と関連した語彙を、絵と共に提示しました。

말하기 과제의 내용, 상황, 대화자의 역할을 그림과 설명으로 제시했습니다.

話す課題(Task)の内容、状況、対話者の役割を絵と説明で提示しました。

모범 대화문을 학습하기 전에 주어진 역할에 맞게 대화를 만들어 보는 연습입니다. 말풍선에 제시된 핵심어를 보면서 두 사람이 대화를 만들어 봅니다. Try it은 암기에 의존하지 않고 스스로 대화를 주도하면서 구성하는 능력을 길러 줍니다.

模範対話文を学習する前に、与えられた役割に合わせて対話を作ってみる練習です。吹き出しに提示されたキーワードを見ながら、２人の対話を作ってみましょう。Try itは暗記に依存せず、自ら対話を主導しながら構成する能力を育ててくれます。

대화의 흐름과 주요 내용을 알려 주는 것으로 담화에 대한 이해력, 구성 능력을 길러 줍니다.

対話の流れと主な内容を伝えるもので、談話についての理解力、構成能力を育ててくれます。

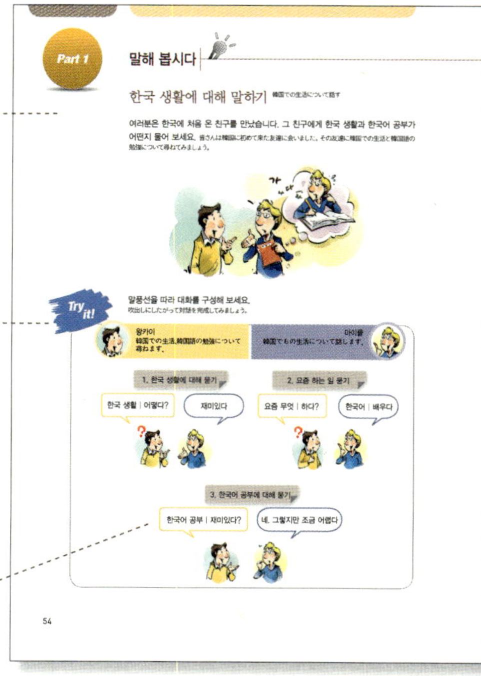

모범 대화문입니다.

模範対話文です。

대화문에 포함된 주의할 발음에 대해 설명과 예를 제시했습니다.

対話文に含まれる注意する発音についての説明と例を提示しました。

말하기 과제 수행에 필요한 기능 표현입니다. 살아 있는 표현들이므로 실생활에서 유용하게 사용할 수 있습니다.

話す課題をする上で必要な機能表現です。生きた表現なので実生活で有用に使うことができます。

교실에서 사용할 수 있는 확장 연습을 제시했습니다. 상황에 맞게 변형하여 활용할 수 있습니다.

教室で使用できる応用練習を提示しました。状況に合わせ活用することができます。

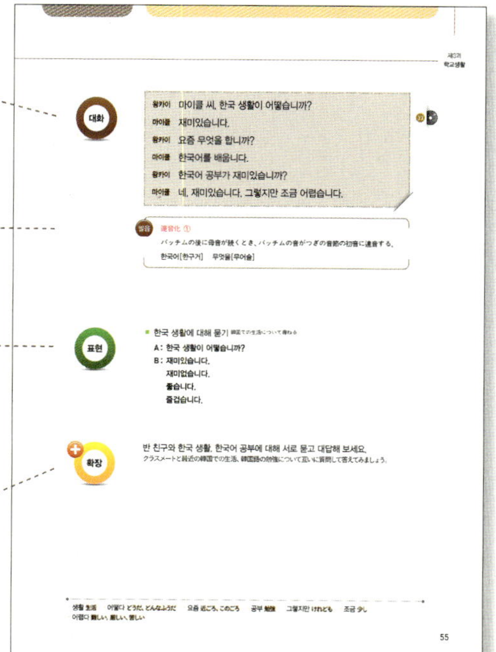

Part3 들어 봅시다와 읽고 써 봅시다로 구성되어 있습니다.

聞いてみよう(들어 봅시다)と読んで書いてみよう(읽고 써 봅시다)で構成されています。

듣기 전 단계에서 활용하는 상황 그림과 질문입니다. 들을 내용을 예측하고, 어휘나 표현을 확인하는 데 도움이 됩니다.

聞くの前段階で活用する状況説明の絵と質問です。聞く内容を予測し、語彙や表現を確認する上で役立ちます。

듣기 단계에서 활용할 이해 확인 문제입니다. 무엇에 중점을 두고 들어야 하는지를 안내해 줍니다.

聞くの段階で活用する、理解を確認する問題です。何に重点をおいて聞かなければならないか、案内してくれます。

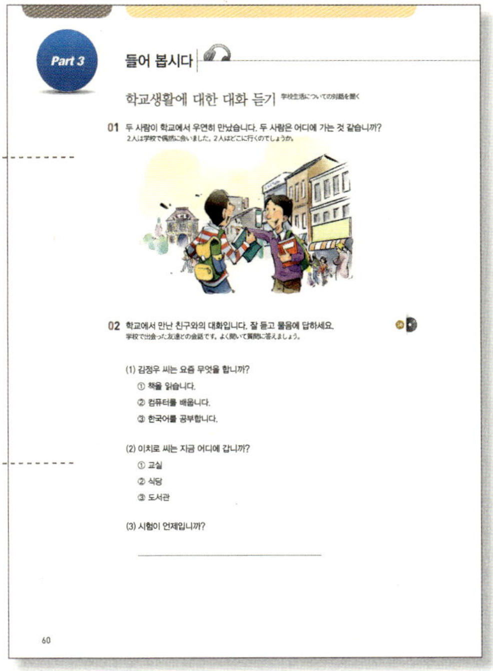

Part 3

들어 봅시다

학교생활에 대한 대화 듣기 学校生活についての対話を聞く

01 두 사람이 학교에서 우연히 만났습니다. 두 사람은 어디에 가는 것 같습니까?
2人は学校で偶然に会いました。2人はどこに行くのでしょうか。

02 학교에서 만난 친구와의 대화입니다. 잘 듣고 물음에 답하세요.
学校で出会った友達との会話です。よく聞いて質問に答えましょう。

(1) 김정우 씨는 요즘 무엇을 합니까?
① 책을 읽습니다.
② 컴퓨터를 배웁니다.
③ 한국어를 공부합니다.

(2) 이치로 씨는 지금 어디에 갑니까?
① 교실
② 식당
③ 도서관

(3) 시험이 언제입니까?

60

읽기 전 단계에서 활용하는 활동입니다. 주제와 관련된 정보를 얻고, 어휘나 표현을 확인하는 데 도움이 됩니다.

読む前段階で活用する活動です。主題と関連した情報を得て、語彙や表現を確認するのに役立ちます。

다양한 유형의 글을 읽기 자료로 제시했습니다.

様々な類型の文を読みの資料として提示しました。

읽기 단계에서 활용할 이해 확인 문제입니다.

読む段階で活用する、理解を確認する文です。

읽기 학습을 쓰기로 연결한 활동입니다. 읽은 글과 유사한 종류의 글을 써 보는 연습입니다.

読む学習を書く学習に繋げる活動です。読んだ文と類似した文を書いく練習です。

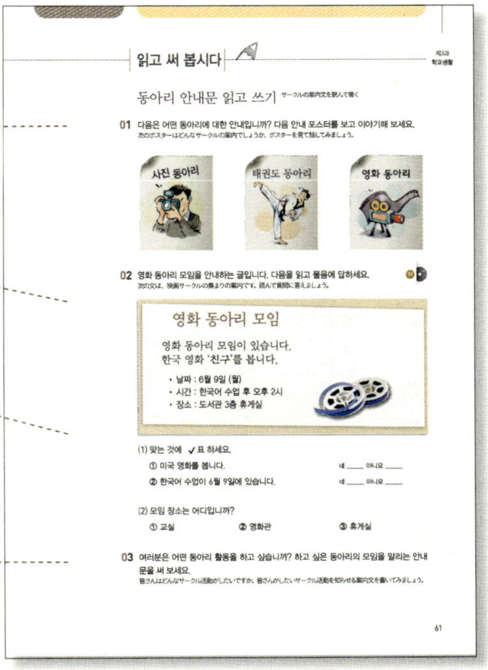

읽고 써 봅시다

제3과 학교생활

동아리 안내문 읽고 쓰기 サークルの案内文を読んで書く

01 다음은 어떤 동아리에 대한 안내입니까? 다음 안내 포스터를 보고 이야기해 보세요.
次のポスターはどんなサークルの案内でしょうか。ポスターを見て話してみましょう。

사진 동아리 / 태권도 동아리 / 영화 동아리

02 영화 동아리 모임을 안내하는 글입니다. 다음을 읽고 물음에 답하세요.
次の文は、映画サークルの集まりの案内です。読んで質問に答えましょう。

영화 동아리 모임

영화 동아리 모임이 있습니다.
한국 영화 '친구'를 봅니다.

- 날짜 : 6월 9일 (월)
- 시간 : 한국어 수업 후 오후 2시
- 장소 : 도서관 3층 휴게실

(1) 맞는 것에 ✓표 하세요.
① 미국 영화를 봅니다. 네 ____ 아니요 ____
② 한국어 수업이 6월 9일에 있습니다. 네 ____ 아니요 ____

(2) 모임 장소는 어디입니까?
① 교실 ② 영화관 ③ 휴게실

03 여러분은 어떤 동아리 활동을 하고 싶습니까? 하고 싶은 동아리의 모임을 알리는 안내문을 써 보세요.
皆さんはどんなサークル活動がしたいですか。皆さんがしたいサークル活動を知らせる案内文を書いてみましょう。

61

Culture & Literature

문화 알아보기와 문학 맛보기로 구성되어 있습니다.

文化を探る(문화 알아보기)と文学を味わう(문학 맛보기)によって構成されています。

단원 주제와 관련된 문화 내용을 한국어와 외국어로 제시했으며, 사진이나 삽화를 함께 제시했습니다.

単元の主題と関連した文化の内容を、韓国語と外国語で提示し、写真や挿絵と共に提示しました。

한국 문화에 대한 이해를 확인하는 질문과 문화상호주의적인 관점에서 자기 나라의 문화와 비교하여 생각해 보는 활동을 제시했습니다.

韓国文化についての理解を確認する質問と、文化相互主義的な観点から、自国の文化と比較して考えてみる活動を提示しました。

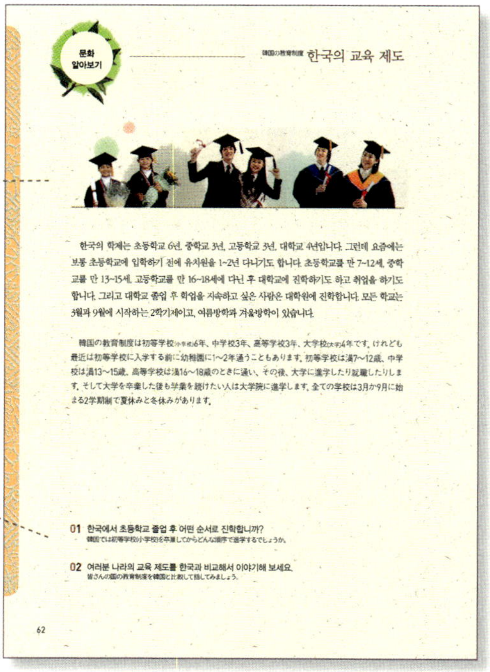

문화 알아보기

韓国の教育制度 한국의 교육 제도

한국의 학제는 초등학교 6년, 중학교 3년, 고등학교 3년, 대학교 4년입니다. 그런데 요즘에는 보통 초등학교에 입학하기 전에 유치원을 1~2년 다니기도 합니다. 초등학교를 만 7~12세, 중학교를 만 13~15세, 고등학교를 만 16~18세에 다닌 후 대학교에 진학하기도 하고 취업을 하기도 합니다. 그리고 대학교 졸업 후 학업을 지속하고 싶은 사람은 대학원에 진학합니다. 모든 학교는 3월과 9월에 시작하는 2학기제이고, 여름방학과 겨울방학이 있습니다.

韓国の教育制度は初等学校(小学校)6年、中学校3年、高等学校3年、大学校(大学)4年です。けれども最近は初等学校に入学する前に幼稚園に1~2年通うこともあります。初等学校は満7~12歳、中学校は満13~15歳、高等学校は満16~18歳のときに通い、その後、大学に進学したり就職したりします。そして大学を卒業した後も学業を続けたい人は大学院に進学します。全ての学校は3月か9月に始まる2学期制で夏休みと冬休みがあります。

01 한국에서 초등학교 졸업 후 어떤 순서로 진학합니까?
韓国では初等学校(小学校)を卒業してからどんな順序で進学するでしょうか。

02 여러분 나라의 교육 제도를 한국과 비교해서 이야기해 보세요.
皆さんの国の教育制度を韓国と比較して話してみましょう。

62

한국 문학을 접해 보고 감상해 보는 부분입니다. 단원 주제와 연관된 내용, 단원의 문법이 활용된 작품 중에서 초급에 적절한 것을 수록했습니다.

韓国文学に接して鑑賞してみる部分です。単元の主題と関連した内容、単元の文法が活用されている作品の中から、初級に適切なものを収録しました。

문학 작품을 감상하기 전에 그림이나 사진을 보고 이야기하면서 흥미를 갖도록 하는 부분입니다.

文学作品を鑑賞する前に、絵(写真)について話すことによって興味を持たせる部分です。

CD에 녹음된 내용을 들으면서 문학 작품을 감상해 보는 것입니다. 문학 작품의 전문 또는 일부를 수록했습니다.

CDに録音された内容を聞きながら、文学作品を鑑賞してみるものです。文学作品の全文、あるいは一部を収録しました。

자신의 생각이나 느낌을 표현해 보는 활동입니다.

自分の考えや印象を表現してみる活動です。

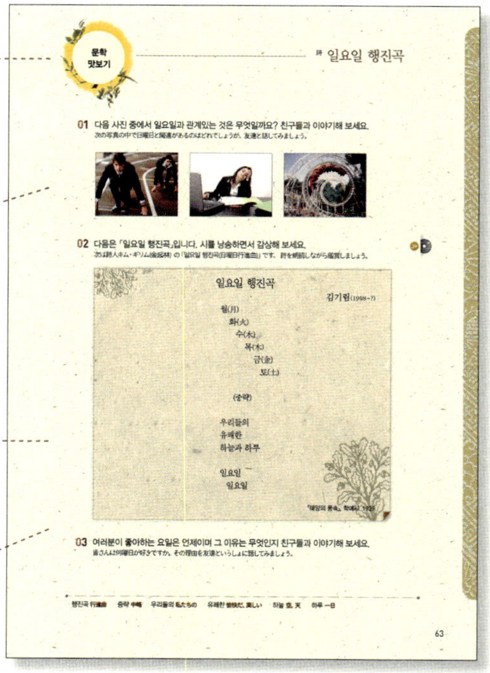

문학 맛보기

詩 일요일 행진곡

01 다음 사진 중에서 일요일과 관계있는 것은 무엇일까요? 친구들과 이야기해 보세요.
次の写真の中で日曜日と関連があるのはどれでしょうか。友達と話してみましょう。

02 다음은 「일요일 행진곡」입니다. 시를 낭송하면서 감상해 보세요.

일요일 행진곡

김기림(1908-?)

월(月)
화(火)
수(水)
목(木)
금(金)
토(土)

(중략)

우리들의
유쾌한
하늘과 하루

일요일
일요일

03 여러분이 좋아하는 요일은 언제이며 그 이유는 무엇인지 친구들과 이야기해 보세요.
皆さんは何曜日が好きですか。その理由を友達といっしょに話してみましょう。

행진곡 行進曲　중략 中略　우리들의 私たちの　유쾌한 愉快だ, 楽しい　하늘 空, 天　하루 一日

63

주요 인물 主な人物

主な人物
ELC = Ewha Language Center
마이클 アメリカ人
ELC学生
会社員(梨花貿易)
요코 日本人
ELC学生
나타샤 ロシア人
ELC学生
主婦
왕카이 中国人
ELC学生
박영민 韓国人
会社員(梨花貿易)
김수진 韓国人
大学生
미셸 フランス人
ELC学生
이치로 日本人
ELC学生
티엔 ベトナム人
ELC学生

제1과

한국어와 한글

韓国語とハングル

제 1 과 한국어와 한글 韓国語とハングル

Part 1 한국어와 한글 소개
韓国語とハングルの紹介

Part 2 한글 익히기
ハングルに慣れよう

1 모음 (1) 母音 (1)
2 자음 (1) 子音 (1)
3 모음 (2) 母音 (2)
4 자음 (2) 子音 (2)
5 받침 パッチム

Part 3 문장 만들기
書いてみよう

Part 1

한국어와 한글 소개 韓国語とハングルの紹介

韓国語を使っている人は、どのくらいいるでしょうか。

韓国語は韓国の公用語で、韓国語の使用人口は全世界で約7800万人と推定される。使用者の数では韓国語は12位で、中国語、スペイン語、英語より人数は少ないが、フランス語やイタリア語より多いという。

韓国人と在外同胞(在外韓国人)以外にも、'韓流'を基にした文化交流の影響で、韓国語を学び韓国文化を楽しもうとする国際人が増えている。これには韓国のドラマ、映画、音楽など大衆文化の影響が大きい。また、地域によっては韓国の企業に就職したり留学する目的で、韓国語を学ぶ外国人が徐々に増えている。

ハングルはいつ、どのように作られたのでしょうか。

韓国語の文字体系をハングルという。ハングルは1443年に朝鮮時代第4代王にあたる世宗大王と当時の集賢殿の学者らによって創られた。ハングルができる以前は中国の漢字を借り記録したので難しい点も少なくなかったが、ハングルが創られたことで人々は自分の考えを文にして容易に表現できるようになった。

世宗大王

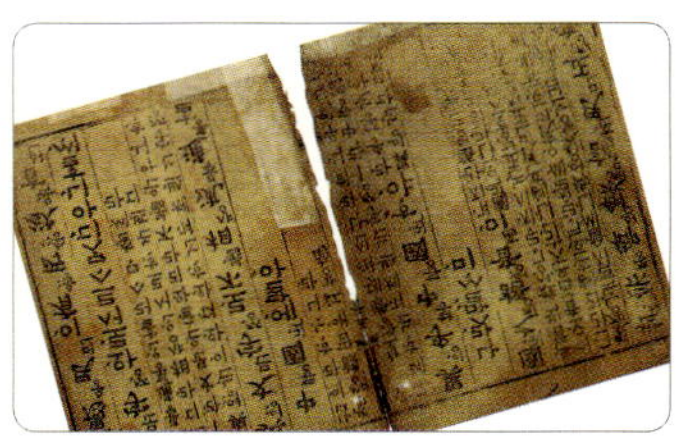

訓民正音

한글
대한민국
한국어
이화여자대학교

色々なハングル書体

子音の文字は象形原理と加画原理(画を加えることによって形成されていく原理)によって作られた。５つの基本子音(ㄱ, ㄴ, ㅁ, ㅅ, ㅇ)は調音器官に似せて作られ、残りはこの基本文字に画を加えて作られた。

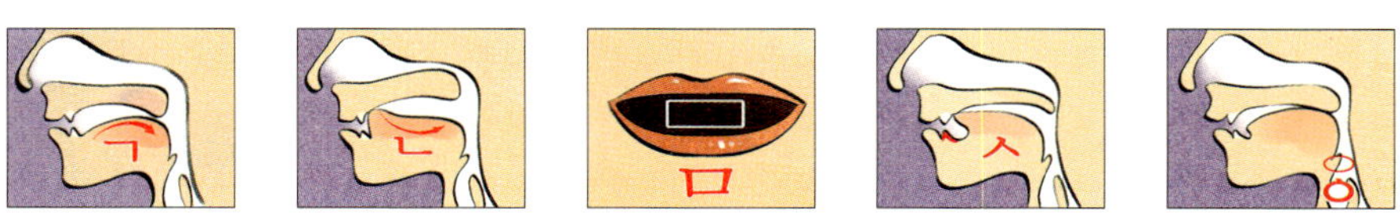

母音は天、地、人を意味する'・'、'ㅡ'、'ㅣ'の組み合わせによって成り立っている。'・'は天、'ㅡ'は地、'ㅣ'は人が立っている様子に似せて作られた。全ての母音はこの３つの組み合わせによって成り立っている。

ハングル文字はどのように構成されているでしょうか。

ハングルは音素文字で子音と母音に分けられる。現在、使われているハングルは子音19字と 母音21字で、合わせて40字である。

子音									
ㄱ	ㄴ	ㄷ	ㄹ	ㅁ	ㅂ	ㅅ	ㅇ	ㅈ	
ㅊ	ㅋ	ㅌ	ㅍ	ㅎ	ㄲ	ㄸ	ㅃ	ㅆ	ㅉ

母音									
ㅏ	ㅐ	ㅑ	ㅒ	ㅓ	ㅔ	ㅕ	ㅖ	ㅗ	ㅘ
ㅙ	ㅚ	ㅛ	ㅜ	ㅝ	ㅞ	ㅟ	ㅠ	ㅡ	ㅢ	ㅣ

ハングルのそれぞれの文字は子音と母音を組み合わせて書く。音節の初声、終声には子音が、中声には母音がくる。子音と母音を結合させる方法は次のように様々である。

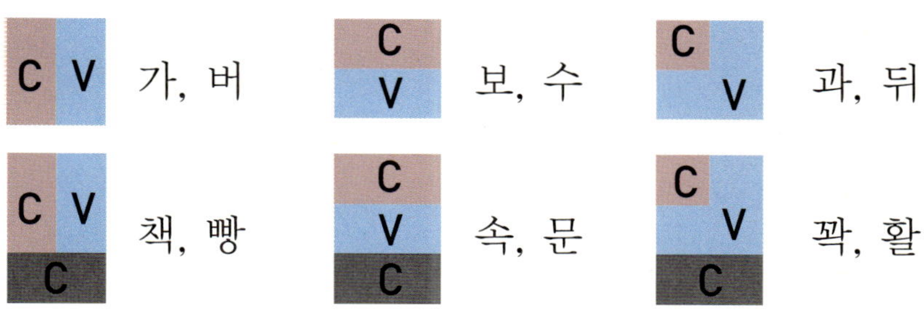

母音は縦画(ㅣ)からなる垂直型と、横画(ㅡ)からなる水平型がある。垂直型の母音(ㅏ, ㅑ, ㅓ, ㅕ, ㅣ)と子音を組み合わせて使うときは、子音は母音の左側に書く。そして、水平型の母音(ㅗ, ㅛ, ㅜ, ㅠ, ㅡ)と子音を組み合わせて使うときは、子音は母音の上の方に書く。

ㄱ ＋ ㅏ ＝ 가

ㅂ ＋ ㅗ ＝ 보

모 자　　한 국 어

Part 2

한글 익히기 ハングルに慣れよう

01 모음 (1) 母音 (1)

1

母音は21個あり、基本母音10個と基本母音の組み合わせによる拡張母音11個によって構成されている。母音は上から下に、左から右に書く。

母音	名称	発音	筆順	練習		
ㅏ	아	[a]	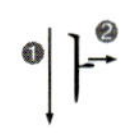	ㅏ		
ㅑ	야	[ja]	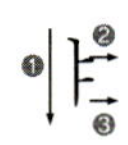	ㅑ		
ㅓ	어	[ə]	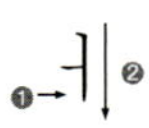	ㅓ		
ㅕ	여	[jə]	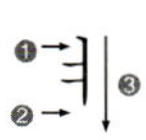	ㅕ		
ㅗ	오	[o]	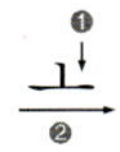	ㅗ		
ㅛ	요	[jo]	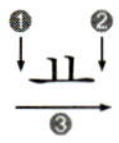	ㅛ		
ㅜ	우	[u]	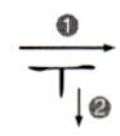	ㅜ		
ㅠ	유	[ju]	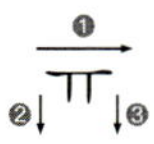	ㅠ		
ㅡ	으	[ɨ]	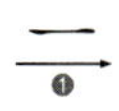	ㅡ		
ㅣ	이	[i]		ㅣ		

音節　母音だけで音節をなす場合、音節の初声は子音、中声は母音、終声は子音によって構成されている。ところで、音節の初声に子音がこない場合は'ㅇ'の字を書く。この時、初声の'ㅇ'は、無声フィラーである。だから'이'は母音'ㅣ'と同じように発音する。

ㅇ ＋ ㅣ ＝ 이

ㅇ ＋ ㅜ ＝ 우

연습

1. CDを聞いて正しいものを選びましょう。 2

(1) ① 아　② 어　③ 오　(2) ① 여　② 요　③ 유

(3) ① 오　② 어　③ 으　(4) ① 으　② 이　③ 여

(5) ① 요　② 오　③ 우　(6) ① 어　② 오　③ 요

2. 次の単語を読んで書きましょう。 3

単語	練習		
오 	오		
이 	이		
오이 	오이		
아이 	아이		
우유 	우유		
여우 	여우		

Part 2

한글 익히기 ハングルに慣れよう

02 자음 (1) 子音(1)

4

子音は全部で19個あるが、14個の基本子音と5個の二重子音によって構成されている。子音は母音と組み合わせて音節をなすと音が出て、子音だけでは音が出ない。子音は次にどんな母音がくるのか、音節のどの位置で発音されるかによって、ひとつ以上の似たような音で発音される。

子音	名称	発音	筆順	練習		
ㄱ	기역	[k], [g]	ㄱ	ㄱ		
ㄴ	니은	[n]	ㄴ	ㄴ		
ㄷ	디귿	[t], [d]	ㄷ	ㄷ		
ㄹ	리을	[r], [l]	ㄹ	ㄹ		
ㅁ	미음	[m]	ㅁ	ㅁ		
ㅂ	비읍	[p], [b]	ㅂ	ㅂ		
ㅅ	시옷	[s], [sh]	ㅅ	ㅅ		
ㅇ	이응	-	ㅇ	ㅇ		
ㅈ	지읒	[c]	ㅈ	ㅈ		
ㅊ	치읓	[c^h]	ㅊ	ㅊ		
ㅋ	키읔	[k^h]	ㅋ	ㅋ		
ㅌ	티읕	[t^h]	ㅌ	ㅌ		
ㅍ	피읖	[p^h]	ㅍ	ㅍ		
ㅎ	히읗	[h]	ㅎ	ㅎ		

音節

ㅅ + ㅗ = 소
ㄹ + ㅣ = 리

연습

1. CDを聞き後につけて読みましょう。 5

가 나 다 라 마 바 사
아 자 차 카 타 파 하

2. 次の単語を読んで書きましょう。 6

単語	練習		
나무 	나무		
사자 	사자		
바지 	바지		
허리 	허리		
구두 	구두		
머리 	머리		
비누 	비누		
바나나 	바나나		

Tip 韓国語のㄹは[r]と[l]の2種類に発音される。
1) 母音と母音の間では[r]と発音される。 例) 소리 [sori]
2) それ以外の場合は[l]と発音される。 例) 말 [mal]

03 모음 (2) 母音 (2)

⑦

基本母音10個を組み合わせてできた母音が11個ある。

母音	名称	発音	筆順	練習		
ㅐ	애	[ɛ]		ㅐ		
ㅒ	얘	[jɛ]		ㅒ		
ㅔ	에	[e]	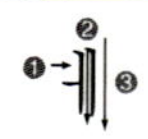	ㅔ		
ㅖ	예	[je]	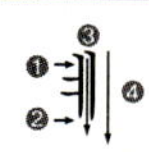	ㅖ		
ㅘ	와	[wa]	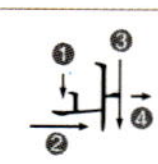	ㅘ		
ㅙ	왜	[wɛ]	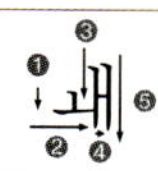	ㅙ		
ㅚ	외	[we]		ㅚ		
ㅝ	워	[wə]		ㅝ		
ㅞ	웨	[wø]	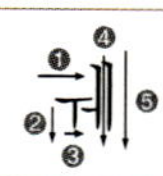	ㅞ		
ㅟ	위	[wi]	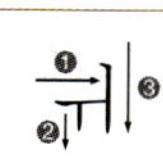	ㅟ		
ㅢ	의	[iɨ]		ㅢ		

Tip 1) ㅐ と ㅔ :発音は[ɛ]、[e]と異なっているが、実際に話すときには区分しないで使うことが多い。
2) ㅙ、ㅚ、ㅞ : [wɛ], [we], [wø]と発音が少しずつ異なるが、話すときには区分しないで使うことが多い。

上記の場合、全て単語や文章によって意味が変わるので、書き方に注意しなければならない。

音節

ㄷ	+	ㅟ	=	뒤
ㅎ	+	ㅘ	=	화

연습

1. CDを聞いて正しいものを選びましょう。 8

(1) ① 워　② 외　③ 웨　(2) ① 애　② 예　③ 왜
(3) ① 뇌　② 네　③ 뉘　(4) ① 줘　② 죄　③ 쥐
(5) ① 배　② 봐　③ 뷔　(6) ① 개　② 과　③ 귀

2. 次の単語を読んで書きましょう。 9

単語		練習		
개		개		
시계		시계		
사과		사과		
돼지		돼지		
회사		회사		
웨이터		웨이터		
가위		가위		
의사		의사		
귀		귀		
추워요		추워요		

Part 2

한글 익히기 ハングルに慣れよう

04 자음 (2) 子音 (2)

10

二重子音は基本子音を重ねて表記した子音で'ㄲ、ㄸ、ㅃ、ㅆ、ㅉ'の5個である。

子音	名称	発音	筆順	練習		
ㄲ	쌍기역	[kk]	ㄲ	ㄲ		
ㄸ	쌍디귿	[tt]	ㄸ	ㄸ		
ㅃ	쌍비읍	[pp]	ㅃ	ㅃ		
ㅆ	쌍시옷	[ss]	ㅆ	ㅆ		
ㅉ	쌍지읒	[cc]	ㅉ	ㅉ		

韓国語の子音は調音方法によって平音、激音、濃音に分けられるが、これは韓国語固有の特徴だ。平音は空気の強い破裂や緊張なく発音するもので、激音は空気を強く破裂させながら息を吐きだすように発音する。そして濃音は舌の筋肉を緊張させて発音する。

調音方法	子音				
平音	ㄱ	ㄷ	ㅂ	ㅅ	ㅈ
激音	ㅋ	ㅌ	ㅍ		ㅊ
濃音	ㄲ	ㄸ	ㅃ	ㅆ	ㅉ

音節

ㄲ + ㅏ = 까

ㄸ + ㅗ = 또

연습

1. CDを聞き後につけて読みましょう。

까　따　빠　싸　짜
꼬　또　뽀　쏘　쪼
꾸　뚜　뿌　쑤　쭈

2. 次の単語を読んで書きましょう。

単語	練習		
토끼 	토끼		
찌개 	찌개		
코끼리 	코끼리		
아빠 	아빠		
꼬리 	꼬리		
짜다 	짜다		
쓰다 	쓰다		
예쁘다 	예쁘다		
차다 	차다		
타다 	타다		

05 받침 パッチム

13

終声の子音をパッチムという。‘ㄸ、ㅃ、ㅉ’を除いた16字の子音がパッチムとして使われているが、この子音は全てが文字の通りに発音されるのではなく、7つの音[ㄱ]、[ㄴ]、[ㄷ]、[ㄹ]、[ㅁ]、[ㅂ]、[ㅇ]の中の一つの音で発音される。

パッチム	発音	単語の例
ㄱ, ㅋ, ㄲ	[k]	책, 식사, 부엌, 밖, 섞다
ㄴ	[n]	산, 문, 손, 눈, 편지
ㄷ, ㅅ, ㅈ, ㅊ, ㅌ, ㅎ, ㅆ	[t]	듣다, 옷, 낮, 꽃, 끝, 파랗다, 있다
ㄹ	[l]	길, 말, 술, 쌀
ㅁ	[m]	밤, 몸, 삼, 솜
ㅂ, ㅍ	[p]	밥, 입, 잡다, 앞, 덮다
ㅇ	[ŋ]	강, 공, 방, 종, 총, 강아지

Tip ‘ㄵ、ㄶ、ㄼ、ㅄ、ㄺ、ㄻ’などの二重パッチムは、最初の子音が発音される場合と2番目の子音が発音される場合とがある。

最初の子音を発音する場合: ㄵ、ㄶ、ㄼ、ㅄ
例) 앉다[안따], 많다[만타], 여덟[여덜], 값[갑], 없다[업따]

2番目の子音を発音する場合: ㄺ、ㄻ
例) 닭[닥], 밝다[박따], 맑다[막따], 삶[삼], 젊다[점따]

音節

ㄱ + ㅏ + ㅂ = 갑

ㅁ + ㅗ + ㄱ = 목

연습

1. CDを聞き正しいものを選びましょう。 14

(1) ① 삼　② 산　③ 상　(2) ① 말　② 만　③ 맛

(3) ① 꽂　② 꼭　③ 꽁　(4) ① 밖　② 밭　③ 밥

(5) ① 밥　② 방　③ 반　(6) ① 길　② 김　③ 긴

2. 次の単語を読んで書きましょう。 15

単語	練習	単語	練習
책 		부엌 	
밖 		산 	
듣다 		옷 	
낮 		꽃 	
끝 		말 	
섬 		몸 	
밥 		앞 	
공 		방 	

Part 3

문장 만들기 書いてみよう

書いてみよう

韓国語の文章は主語+動詞、主語+目的語+動詞で構成されている。主語には主格助詞'이'、'가'をつけ、目的語には目的格助詞'을'、'를'をつける。主語と目的語は文章の中でよく順序を換えて使われることがあり、主語が無くてもわかる場合は主語を省略することもある。

아이가	잡니다
主語	動詞

제임스 씨가	커피를	마십니다.
主語	目的語	動詞

文の中で動詞は様々に活用される。動詞の活用形は語幹に語尾がついて成り立っており、'가다'という基本形において語幹は'가-'だ。この語幹に色々な語尾がついて'가요、갑니다、갑니까、갔습니다、가겠습니다、가세요'などと活用し、尊敬表現、時制、叙述の方法などを表現する。韓国語はこのように語尾と助詞が豊かなことが特徴である。

요코가 옵니다. 洋子が来ます。

요코가 옵니까? 洋子が来ますか。

요코가 왔습니까? 洋子が来ましたか。

연습

1. CDを聞いて正しい文を選びましょう。

17

1) ① 선생님이 갑니다. 先生が行きます。
② 선생님이 갑니까? 先生が行きますか。

2) ① 제임스가 사과를 먹습니다. ジャームスがりんごを食べます。
② 제임스가 바나나를 먹습니다. ジャームスがバナナを食べます。

3) ① 아이가 공부합니다. 子供が勉強します。
② 아이가 공부했습니다. 子供が勉強しました。

4) ① 돈이 있어요? お金がありますか。
② 돈이 있어요. お金があります。

2. 次の文を読んでみましょう。

18

1) 친구가 한국어를 공부합니다. 友達が韓国語を勉強します。
2) 아이가 빵을 좋아합니다. 子供はパンが好きです。
3) 수지가 커피를 마십니다. スジがコーヒーを飲みます。
4) 친구가 옵니다. 友達が来ます。

3. 次の単語を使って文を書いてみましょう。

19

1) 학생이 / 읽습니다 / 책을 学生が / 読みます / 本を
→ 학생이 책을 읽습니다.

2) 먹습니다 / 한국 사람이 / 김치를 食べます/ 韓国人が / キムチを
→ 한국 사람이 김치를 먹습니다.

3) 선생님이 / 학생을 / 만납니다 先生が / 学生に / 会います
→ 선생님이 학생을 만납니다.

4) 개가 / 갑니다 犬が/ 行きます
→ 개가 갑니다.

제2과

소개

紹介

제 2 과 소개 紹介

Part 1

준비합시다 — **1** 입니다, 입니까 **2** 은/는(主題)

말해 봅시다 — 인사 나누기
挨拶を交わす

Part 2

준비합시다 — **1** 이/가 아닙니다 **2** 수 ①

말해 봅시다 — 자기 소개하기
自己紹介をする

Part 3

들어 봅시다 — 전화번호를 묻는 대화 듣기
電話番号を尋ねる対話を聞く

읽고 써 봅시다 — 자기 소개의 글 읽고 쓰기
自己紹介文を読んで書く

CULTURE & LITERATURE

문화 알아보기 — 한국인의 이름과 호칭 韓国人の名前と呼び方

문학 맛보기 — 시 詩「개구리」

Part 1

준비합시다

01 입니다, 입니까

20

사물이나 사람의 이름을 알려 주거나 물을 때 어떻게 말할까요?
物や人の名前を教えたり尋ねたりするとき、どのように話せばいいですか。

한국어 책입니다.

A 선생님입니까?

B 네, 선생님입니다.

문법

N + 입니다, 입니까

'입니다'は名詞の後に使い、物や人の名前、国籍などを丁寧に示す尊敬語尾だ。疑問形は'입니까'である。

책상 + 입니다 → 책상입니다　　전화 + 입니까 → 전화입니까?

연습

다음 물건이 무엇인지 친구들과 서로 묻고 대답해 보세요.
次の物は何でしょうか。友達と互いに質問して答えてみましょう。

보기

사전

A 사전입니까?

B 네, 사전입니다.

①

책상

②

의자

③

가방

④

공책

⑤

전화

⑥

연필

- 한국어 책 **韓国語の本**
- 선생님 **先生**
- 네 **はい**
- 사전 **辞書**

02 은/는(主題)

사람이나 사물을 화제로 하여 소개할 때 어떻게 말할까요?
人や物を話題にして紹介するとき、どのように話したらいいでしょうか。

김수진은 한국 사람입니다.
김수진은 학생입니다.

문법

N + 은/는

'은/는'は文の主題であることを示す助詞だ。

子音 + 은 　예 마이클은, 선생님은
母音 + 는 　예 요코는, 의자는

연습

다음 사람들의 국적, 직업을 말해 보세요.
次の人たちの国籍、職業を話してみましょう。

보기 마이클

미국 사람/회사원

마이클은 미국 사람입니다.
마이클은 회사원입니다.

① 요코

일본 사람/학생

② 장민수

한국 사람/은행원

③ 소피

프랑스 사람/영화배우

④ 나타샤

러시아 사람/주부

⑤ 바트

몽골 사람/요리사

⑥ 크리스

호주 사람/의사

- 한국 사람 **韓国人**
- 학생 **学生**
- 미국 사람 **アメリカ人**
- 회사원 **会社員**
- 일본 사람 **日本人**
- 은행원 **銀行員**
- 프랑스 사람 **フランス人**
- 영화배우 **映画俳優**
- 러시아 사람 **ロシア人**
- 주부 **主婦**
- 몽골 사람 **モンゴル人**
- 요리사 **調理師、料理人**
- 호주 사람 **オーストラリア人**
- 의사 **医者**

Part 1

말해 봅시다

인사 나누기 挨拶を交わす

여러분은 오늘 처음 만났습니다. 서로 인사를 나누고 직업, 국적 등을 물어보세요.
皆さんは今日、初めて会いました。互いに挨拶を交して職業、国籍などを尋ねてみましょう。

Try it!

말풍선을 따라 대화를 구성해 보세요.
吹出しにしたがって対話を完成してみましょう。

박영민
韓国人、会社員

요코
日本人、学生

1. 인사하기 / 이름 소개하기

안녕하세요
저 | 박영민

안녕하세요
저 | 요코

2. 국적 묻기

어느 나라 사람?

일본 사람

3. 직업 묻기

요코 씨 | 학생?

네, 학생

4. 직업 말하기

저 | 회사원

대화

박영민 안녕하세요? 저는 박영민입니다.
요코 안녕하세요? 저는 요코입니다.
박영민 어느 나라 사람입니까?
요코 일본 사람입니다.
박영민 요코 씨는 학생입니까?
요코 네, 학생입니다.
박영민 저는 회사원입니다.

22

발음 鼻音化 ①

[ㅂ]音の後に'ㄴ'、'ㅁ'がくるとき[ㅂ]は[ㅁ]と発音する。

입니다[임니다]　입니까[임니까]

표현

■ 만났을 때 인사하기 会ってあいさつをする

A: 안녕하세요?
B: 안녕하세요?

A: 안녕하십니까?
B: 안녕하십니까?

A: 안녕?
B: 안녕?

Tip '안녕하세요'、'안녕하십니까'、'안녕'は、会ったときの挨拶言葉で、時間を問わずに使う。'안녕하세요'は格式ばらない状況で、'안녕하십니까'は格式ばった状況で使う丁寧な挨拶表現だ。
'안녕'は友達や同僚、目下の人に使うくだけた挨拶言葉だ。出会ったときも別れるときにも使う。

■ 이름 소개하기 名前を紹介する

저는 요코입니다. / 제 이름은 요코입니다.

■ 국적 묻기 国籍を尋ねる

A: 어느 나라 사람입니까?
B: 일본 사람입니다.

A: 어디에서 왔습니까?
B: 일본에서 왔습니다.

확장

반 친구와 인사를 나누어 보세요.
クラスメートと挨拶を交してみましょう。

안녕하세요 はじめまして　저 わたくし　어느 나라 どこの国

Part 2

준비합시다

01 이/가 아닙니다

23

다른 사람이 잘못 알고 있는 것을 고쳐 주려면 어떻게 말할까요?
誰かの間違いを正すとき、どのように話したらいいでしょうか。

A 마이클 씨, 캐나다 사람입니까?

B 아니요, 캐나다 사람이 아닙니다. 미국 사람입니다.

문법

N + 이/가 아닙니다

'이/가 아닙니다'は名詞の後につけて名前、国籍などを否定して話すときに使う表現だ。'입니다'の否定表現である。

子音 + 이 아닙니다 예 선생님이 아닙니다.
母音 + 가 아닙니다 예 주부가 아닙니다.

연습

다음을 보고 보기와 같이 말하세요.
例のように、誰かの間違った情報を挙げ、それを正す対話をしてみましょう。

보기	박영민	학생 (X)	회사원 (O)
①	요코	가수 (X)	학생 (O)
②	장민호	영화배우 (X)	은행원 (O)
③	티엔	태국 사람 (X)	베트남 사람 (O)
④	크리스	영국 사람 (X)	호주 사람 (O)
⑤	나타샤	미국 사람 (X)	러시아 사람 (O)

A 박영민 씨는 학생입니까?

B 아니요, 학생이 아닙니다. 회사원입니다.

- 캐나다 사람 **カナダ人**
- 아니요 **いいえ**
- 가수 **歌手**
- 태국 사람 **タイ人**
- 베트남 사람 **ベトナム人**
- 영국 사람 **イギリス人**

02 수 ①

24

전화번호, 자동차 번호 등의 숫자를 어떻게 읽을까요?
電話番号、自動車のナンバーなどの数字を、どのように読んだらいいでしょうか。

공일공 삼칠구일 칠이팔사

십칠

이구육육

수 数(0～20)

0	1	2	3	4	5	6	7	8	9	10
공, 영	일	이	삼	사	오	육	칠	팔	구	십
	11	12	13	14	15	16	17	18	19	20
	십일	십이	십삼	십사	십오	십육	십칠	십팔	십구	이십

연습

전화번호를 묻고 대답해 보세요.
電話番号を尋ねて答えてみましょう。

보기

마이클
010-2370-8845

① 요코 010-4353-9977
② 나타샤 011-2801-6689
③ 김수진 ☎ 02-3374-9765
④ 박영민 ☎ 031-228-1705
⑤ 왕카이 ☎ 070-276-3581
⑥ 서울여행사 1588-1177

전화번호 **電話番号**
무엇 **何**

A 마이클 씨 전화번호는 무엇입니까?
B 공일공에 이삼칠공에 팔팔사오입니다.

Part 2

말해 봅시다

자기 소개하기 自己紹介をする

여러분은 오늘 학교에서 처음 만났습니다. 서로에게 자신을 소개하고 궁금한 것을 물어 보세요. 皆さんは今日、学校で初めて会いました。お互いに自分のことを紹介して、知りたいことを尋ねてみましょう。

Try it!

말풍선을 따라 대화를 구성해 보세요.
吹出しにしたがって対話を完成してみましょう。

나타샤 ロシア人、主婦	티엔 ベトナム人、学生

1. 인사하기 / 이름 소개하기

- 나타샤: 안녕하세요 / 저 | 나타샤
- 티엔: 안녕하세요 / 저 | 티엔

2. 국적 묻기

- 나타샤: 필리핀 사람?
- 티엔: 필리핀 사람× / 저 | 베트남 사람

3. 직업 묻기

- 나타샤: 아, 그래요? / 무슨 일 | 하다?
- 티엔: 학생 / 무슨 일 | 하다?

4. 인사하기

- 나타샤: 저 | 주부 / 만나서 반갑습니다
- 티엔: 저도 만나서 반갑습니다

대화

25

나타샤 안녕하세요? 저는 나타샤입니다.
티엔 안녕하세요? 저는 티엔입니다.
나타샤 티엔 씨는 필리핀 사람입니까?
티엔 아니요, 필리핀 사람이 아닙니다. 저는 베트남 사람입니다.
나타샤 아, 그래요? 티엔 씨, 무슨 일을 합니까?
티엔 학생입니다. 나타샤 씨는 무슨 일을 합니까?
나타샤 저는 주부입니다. 만나서 반갑습니다.
티엔 저도 만나서 반갑습니다.

표현

- 직업 묻기 職業を尋ねる

직업이 무엇입니까?
무슨 일을 합니까?

- 상대방의 이야기를 듣고 반응하기 相手の話を聞いて応える

아, 그래요?
네, 그렇습니까?
그렇군요.

- 만났을 때 반가움 표현하기 会って嬉しい気持を表現する

A: 만나서 반갑습니다.
B: 저도 만나서 반갑습니다.

확장

반 친구와 같이 세 사람이 서로 소개하는 대화를 해 보세요.
クラスメート3人で互いを紹介し合ってみましょう。

필리핀 사람 **フィリピン人**　무슨 일 **どんな仕事**　만나다 **会う**　반갑다 **うれしい、懐かしい**

Part 3

들어 봅시다

전화번호를 묻는 대화 듣기 電話番号を尋ねる対話を聞く

01 다음은 어디입니까? 교실, 사무실은 몇 호인지 말해 보세요.
次の場所はどこですか。教室や事務室のルームナンバーは何号か話してみましょう。

02 친구에게 선생님 사무실과 전화번호를 물어보는 대화입니다. 잘 듣고 물음에 답하세요. 友達に先生の事務室と電話番号を尋ねる対話です。よく聞いて質問に答えましょう。 26

(1) 김 선생님 사무실은 어디입니까?

① 3층 6호　　② 3층 13호　　③ 2층 8호　　④ 2층 12호

(2) 김 선생님 전화번호는 무엇입니까? ☎ ____________________

표현

■ 감사 표현하기 感謝の表現をする

고맙습니다.　　감사합니다.　　고마워요.

■ 층, 호수 묻기 階、ルームナンバーを尋ねる

A: 교실은 몇 층입니까?
B: 5층입니다.

A: 교실은 몇 호입니까?
B: 14호입니다.

· 사무실 事務室
· 층 階
· 호 号

읽고 써 봅시다

자기 소개의 글 읽고 쓰기 自己紹介文を読んで書く

01 다음 명함을 보고 이 사람에 대한 여러 정보를 찾아보세요.
次の名刺を見て、その人についての色々な情報をチェックしてみましょう。

이름 · 직업 · 전화번호 · 이메일 · 주소

02 자신을 소개하는 글입니다. 다음을 읽고 물음에 답하세요. 27
自分を紹介する文です。次の文を読んで質問に答えましょう。

안녕하십니까?
저는 에릭 박입니다.
미국에서 왔습니다.
재미교포입니다.
저는 영어 선생님입니다.
만나서 반갑습니다.

(1) 이 사람은 누구입니까?

(2) 맞는 것에 ✔표 하세요.

① 이 사람은 캐나다 사람입니다. 네 ______ 아니요 ______

② 이 사람은 한국어 선생님입니다. 네 ______ 아니요 ______

- 이름 **名前**
- 직업 **職業**
- 이메일 **Eメール**
- 주소 **住所**
- 재미교포 **在米同胞、在米韓国人**
- 영어 **英語**
- 누구 **誰**

03 자신의 명함을 만들어 보세요. 그리고 그 내용으로 자신을 소개하는 글을 써 보세요.
自分の名刺を作ってみましょう。そして、その内容から自分を紹介する文を書いてみましょう。

문화 알아보기

韓国人の名前と呼び方 한국인의 이름과 호칭

한국 사람의 이름은 보통 세 글자인데, 성이 한 글자이고 이름이 두 글자입니다. 이름을 쓸 때는 먼저 성을 쓰고 그 다음에 이름을 씁니다. 다른 사람의 이름을 부를 때는 '씨'를 붙여서 '박영민 씨', '영민 씨'라고 부릅니다. 그렇지만 '박 씨'라고 부르지는 않습니다. 또한 '선생님', '사장님' 등의 직함을 사용하여 '박진영 선생님', '김영수 사장님'이라고 부릅니다.

韓国人の名前は普通3文字で、姓が1字で名前は2字です。名前を書くときは、まず姓を書き、その次に名前を書きます。相手の名前を呼ぶときには'씨'をつけて'박영민 씨', '영민 씨'と呼びます。けれども'박 씨'とは言いません。目上の人を呼ぶときには '선생님', '사장님' などの肩書きをつけて'박진영 선생님', '김영수 사장님'と言います。

01 한국 사람의 성과 이름은 어떤 순서로 씁니까?
韓国人の姓と名前はどんな順序で書くでしょうか。

02 여러분의 이름을 쓰고 성과 이름을 말해 보세요. 그리고 어떻게 부르는지 말해 보세요.
皆さんの名前を書いて、姓と名前を言ってみましょう。そして、実際に話しかけてみましょう。

문학 맛보기

詩 개구리

01 다음 그림의 사물이나 동물에서는 어떤 소리가 날까요?
次の絵にある物や動物は、どんな音が(鳴き声を)するでしょうか。

02 다음 시를 읽어 보세요. 그리고 이 시가 어떤 동물의 소리를 표현한 것인지 생각해 보세요. 28
次の詩を読んでみましょう。そして、この詩がどんな動物の鳴き声を表しているか考えてみましょう。

개구리

한하운(1920~1975)

가갸 거겨
고교 구규
그기 가

라랴 러려
로료 루류
르리 라

『한하운시집』, 인간사, 1956

03 여러분이 좋아하는 동물이나 사물의 소리를 한국어로 써 보세요.
皆さんが好きな動物の鳴き声や物の音をハングルで書いてみましょう。

개구리 蛙

제3과

학교생활

学校生活

제 3 과 학교생활 学校生活

Part 1

준비합시다 — 1 -습니다, -습니까 2 이/가 3 을/를

말해 봅시다 — 한국 생활에 대해 말하기
韓国での生活について話す

Part 2

준비합시다 — 1 날짜 2 에(方向)

말해 봅시다 — 수업 일정에 대해 말하기
授業日程について話す

Part 3

들어 봅시다 — 학교생활에 대한 대화 듣기
学校生活についての対話を聞く

읽고 써 봅시다 — 동아리 안내문 읽고 쓰기
サークルの案内文を読んで書く

CULTURE & LITERATURE

문화 알아보기 — 한국의 교육 제도 韓国の教育制度

문학 맛보기 — 시 詩「일요일 행진곡」

Part 1

준비합시다

01 –습니다, –습니까

사람들이 무엇을 하는지 묻고 답하거나, 사물이 어떠한지 묻고 답할 때 어떻게 말할까요?
人々が何をしているのか、物がどんな様子なのかについて質問したり答えたりするとき、どのように表現しますか。

A 요코 씨, 공부합니까?
B 네, 공부합니다.

A 재미있습니까?
B 네, 재미있습니다.

문법

A/V + 습니다, 습니까

'습니다'は形容詞や動詞の後に使い、丁寧に事実や考えを言う尊敬の語尾だ。疑問形は'습니까'である。

子音 + 습니다, 습니까 예 먹습니다, 먹습니까
母音, ㄹ + ㅂ니다, ㅂ니까 예 공부합니다, 공부합니까, 삽니다, 삽니까

연습

다음 그림을 보고 묻고 대답해 보세요.
次の絵を見て例のように質問して答えてみましょう。

보기

자다

A 잡니까?
B 네, 잡니다.

①

운동하다

②

먹다

③

전화하다

④

쉬다

⑤

비싸다

⑥

맛있다

- 공부하다 **勉強する**
- 재미있다 **面白い、楽しい**
- 자다 **寝る**

02 이/가

30

누가 전화를 하고 있습니까? 무엇이 많습니까?
誰が電話をしていますか。何が多いですか。

요코가 전화합니다.

책이 많습니다.

문법

N + 이/가

'이/가'は文の主語であることを表す助詞である。

子音 + 이 예 학생이, 마이클이

母音 + 가 예 친구가, 아이가

연습

다음 그림을 보고 문장을 만들어 보세요.
次の絵を見て例のように文を作ってみましょう。

보기

영화/재미없다

영화가 재미없습니다.

①

요코/자다

②

미셸/가다

③

아이/오다

④

빵/맛있다

⑤

모자/싸다

⑥

바지/작다

- 전화하다 **電話する**
- 책 **本**
- 많다 **多い**
- 영화 **映画**
- 재미없다 **面白くない、楽しくない**

Part 1

03 을/를

31

마이클은 무엇을 공부합니까? 요코는 무엇을 듣고 있습니까?
マイケルは何を勉強していますか。洋子は何を聞いていますか。

요코가 음악을 듣습니다. 마이클이 한국어를 공부합니다.

문법

N + 을/를

'을/를'は文の目的語であることを示す助詞である。

子音 + 을 예 책을
母音 + 를 예 우유를

연습

다음 그림을 보고 묻고 대답해 보세요.
次の絵を見て例のように質問して答えてみましょう。

보기 미셸

김밥/먹다

① 마이클

영화/보다

② 나타샤

신문/읽다

③ 요코

옷/입다

④ 진차오

커피/마시다

⑤ 티엔

친구/기다리다

⑥ 리처드

컴퓨터/배우다

A 미셸이 무엇을 합니까?
B 김밥을 먹습니다.

- 음악 音楽
- 듣다 聞く
- 김밥 のり巻き

어휘

학교생활 学校生活

32

공부하다

질문하다

대답하다

책을 읽다

수업을 시작하다

수업이 끝나다

한국어를 배우다

한국어를 가르치다

숙제하다

쉬다

이야기하다

친구를 만나다

Part 1

말해 봅시다

한국 생활에 대해 말하기 韓国での生活について話す

여러분은 한국에 처음 온 친구를 만났습니다. 그 친구에게 한국 생활과 한국어 공부가 어떤지 물어보세요. 皆さんは韓国に初めて来た友達に会いました。その友達に韓国での生活と韓国語の勉強について尋ねてみましょう。

Try it!

말풍선을 따라 대화를 구성해 보세요.
吹出しにしたがって対話を完成してみましょう。

왕카이 韓国での生活､韓国語の勉強について尋ねます。	마이클 韓国での生活について話します。

1. 한국 생활에 대해 묻기

한국 생활 | 어떻다?

재미있다

2. 요즘 하는 일 묻기

요즘 무엇 | 하다?

한국어 | 배우다

3. 한국어 공부에 대해 묻기

한국어 공부 | 재미있다?

네. 그렇지만 조금 어렵다

대화

33

왕카이 마이클 씨, 한국 생활이 어떻습니까?
마이클 재미있습니다.
왕카이 요즘 무엇을 합니까?
마이클 한국어를 배웁니다.
왕카이 한국어 공부가 재미있습니까?
마이클 네, 재미있습니다. 그렇지만 조금 어렵습니다.

발음 連音化 ①

パッチムの後に母音が続くとき、パッチムの音が次の音節の初音に連音する。

한국어[한구거]　무엇을[무어슬]

표현

■ 한국 생활에 대해 묻기 韓国での生活について尋ねる

A : 한국 생활이 어떻습니까?
B : 재미있습니다.
재미없습니다.
좋습니다.
즐겁습니다.

확장

반 친구와 한국 생활, 한국어 공부에 대해 서로 묻고 대답해 보세요.
クラスメートと最近の韓国での生活、韓国語の勉強について、互いに質問して答えてみましょう。

· 생활 生活 · 어떻다 どうだ、どんなふうだ · 요즘 近ごろ、このごろ · 공부 勉強 · 그렇지만 けれども · 조금 少し
· 어렵다 難しい、厳しい、苦しい

Part 2

준비합시다

01 날짜

한국어로 날짜를 어떻게 말할까요?
韓国語では日にちをどのように言うでしょうか。

A 오늘이 며칠입니까?
B 일월 팔일입니다.

A 생일이 언제입니까?
B 시월 이십일입니다.

월 月

1월	2월	3월	4월	5월	6월	7월	8월	9월	10월	11월	12월
일월	이월	삼월	사월	오월	유월	칠월	팔월	구월	시월	십일월	십이월

일 日

1일	5일	10일	15일	20일	25일	30일	31일
일일	오일	십일	십오일	이십일	이십오일	삼십일	삼십일일

문법

날짜(何月何日)

日は'일、이、삼、사……'を用いて話す。月には '월'をつけて、'일월、이월、삼월'と言い、日は '일'をつけて'일일、이일、십일'と言う。

연습

수첩과 달력을 보고 날짜를 묻고 대답해 보세요.
手帳やカレンダーを見て、何月何日か尋ねて答えてみましょう。

- 오늘 今日
- 며칠 何日、数日
- 언제 いつ
- 생일 誕生日
- 설날 元旦
- 시험 試験
- 결혼식 結婚式
- 문화 수업 文化の授業
- 크리스마스 クリスマス
- 졸업식 卒業式

보기

수잔 씨 생일

5월 15일

A 수잔 씨 생일이 언제입니까?
B 오월 십오일입니다.

① 설날

1월 1일

② 시험

4월 19일

③ 친구 결혼식

6월 30일

④ 문화 수업

10월 7일

⑤ 크리스마스

12월 25일

⑥ 졸업식

2월 24일

02 에 (方向)

35

여러분은 어디에 자주 갑니까? 오고 가는 목적지를 말할 때 어떻게 말할까요?
皆さんはよくどこに行きますか。行き来する目的地を話すとき、どのように表現しますか。

A 요코 씨가 어디에 갑니까?

B 학교에 갑니다.

문법

N + 에

'에'は'가다、오다、다니다'などの動詞について行為の進行方向や目的地を示す助詞である。

학교 + 에 → 학교에　　집 + 에 → 집에

연습

다음 그림을 보고 사람들이 어디에 가는지 묻고 대답해 보세요.
次の絵を見て、各々の人はどこに行くのか質問して答えてみましょう。

보기

기숙사

A 어디에 갑니까?

B 기숙사에 갑니다.

①

교실

②

식당

③

도서관

④

화장실

⑤

서점

⑥

집

- 어디 どこ
- 학교 学校
- 기숙사 寮、寄宿舍

Part 2

말해 봅시다

수업 일정에 대해 말하기 授業日程について話す

같은 반 친구가 여러분에게 이번 학기의 수업 일정에 대해 묻습니다. 친구에게 수업 일정에 대해 이야기해 주세요. クラスメートが皆さんに今学期の授業日程について尋ねます。友達に授業の日程について話してやりましょう。

Try it!

말풍선을 따라 대화를 구성해 보세요.
吹出しにしたがって対話を完成してみましょう。

왕카이
授業の日程を尋ねます。

이치로
授業の日程について答えます。

1. 시험 날짜 묻기

한국어 시험 | 언제?

10월 13일

2. 시험 요일 묻기

무슨 요일?

월요일

3. 문화 수업 날짜 묻기

문화 수업 | 며칠?

11월 7일

4. 문화 수업 장소 묻기

어디 | 가다?

경복궁 | 가다

대화

왕카이 이치로 씨, 한국어 시험이 언제입니까?

이치로 10월 13일입니다.

왕카이 무슨 요일입니까?

이치로 월요일입니다.

왕카이 문화 수업이 며칠입니까?

이치로 11월 7일입니다.

왕카이 어디에 갑니까?

이치로 경복궁에 갑니다.

36

표현

■ 날짜 묻기 何月何日か尋ねる

A : 문화 수업이 며칠입니까?

B : 5월 4일입니다.

■ 요일 묻기 曜日を尋ねる

A : 무슨 요일입니까?

B : 월요일입니다.

■ 요일 曜日

일요일 Sunday	월요일 Monday	화요일 Tuesday	수요일 Wednesday	목요일 Thursday	금요일 Friday	토요일 Saturday
		1	2	3	4	5
6	7					

확장

반 친구와 시험, 문화 수업, 다음 학기 시작 등의 날짜를 서로 묻고 대답해 보세요.
クラスメートと試験、文化の授業、次の学期の始まる時期などの日程を、互いに質問して答えてみましょう。

· 한국어 시험 **韓国語の試験** · 무슨 요일 **何曜日** · 경복궁 **景福宮**

Part 3

들어 봅시다

학교생활에 대한 대화 듣기 学校生活についての対話を聞く

01 두 사람이 학교에서 우연히 만났습니다. 두 사람은 어디에 가는 것 같습니까?
2人は学校で偶然に会いました。2人はどこに行くのでしょうか。

02 학교에서 만난 친구와의 대화입니다. 잘 듣고 물음에 답하세요. 37
学校で出会った友達との対話です。よく聞いて質問に答えましょう。

(1) 김정우 씨는 요즘 무엇을 합니까?

① 책을 읽습니다.

② 컴퓨터를 배웁니다.

③ 한국어를 공부합니다.

(2) 이치로 씨는 지금 어디에 갑니까?

① 교실

② 식당

③ 도서관

(3) 시험이 언제입니까?

____

읽고 써 봅시다

동아리 안내문 읽고 쓰기 サークルの案内文を読んで書く

01 다음은 어떤 동아리에 대한 안내입니까? 다음 안내 포스터를 보고 이야기해 보세요.
次のポスターはどんなサークルの案内でしょうか。ポスターを見て話してみましょう。

02 영화 동아리 모임을 안내하는 글입니다. 다음을 읽고 물음에 답하세요. 38
次の文は、映画サークルの集まりの案内です。読んで質問に答えましょう。

영화 동아리 모임

영화 동아리 모임이 있습니다.
한국 영화 '친구'를 봅니다.

- 날짜: 6월 9일 (월)
- 시간: 한국어 수업 후 오후 2시
- 장소: 도서관 3층 휴게실

(1) 맞는 것에 ✓표 하세요.

① 미국 영화를 봅니다. 네 _____ 아니요 _____

② 한국어 수업이 6월 9일에 있습니다. 네 _____ 아니요 _____

(2) 모임 장소는 어디입니까?

① 교실 ② 영화관 ③ 휴게실

03 여러분은 어떤 동아리 활동을 하고 싶습니까? 하고 싶은 동아리의 모임을 알리는 안내문을 써 보세요.
皆さんはどんなサークル活動がしたいですか。皆さんがしたいサークル活動を知らせる案内文を書いてみましょう。

- 사진 写真
- 동아리 サークル、部活動
- 태권도 テコンドー
- 모임 集まり、会合
- 시간 時間
- 수업 후 授業の後、放課後
- 오후 午後
- 2시 2時
- 장소 場所
- 3층 3階
- 휴게실 休憩室
- 영화관 映画館

문화 알아보기

韓国の教育制度 한국의 교육 제도

한국의 학제는 초등학교 6년, 중학교 3년, 고등학교 3년, 대학교 4년입니다. 그런데 요즘에는 보통 초등학교에 입학하기 전에 유치원을 1~2년 다니기도 합니다. 초등학교를 만 7~12세, 중학교를 만 13~15세, 고등학교를 만 16~18세에 다닌 후 대학교에 진학하기도 하고 취업을 하기도 합니다. 그리고 대학교 졸업 후 학업을 지속하고 싶은 사람은 대학원에 진학합니다. 모든 학교는 3월과 9월에 시작하는 2학기제이고, 여름방학과 겨울방학이 있습니다.

韓国の教育制度は初等学校(小学校)6年、中学校3年、高等学校3年、大学校(大学)4年です。けれども最近は初等学校に入学する前に幼稚園に1～2年通うこともあります。初等学校は満7～12歳、中学校は満13～15歳、高等学校は満16～18歳のときに通い、その後、大学に進学したり就職したりします。そして大学を卒業した後も学業を続けたい人は大学院に進学します。全ての学校は3月か9月に始まる2学期制で夏休みと冬休みがあります。

01 한국에서 초등학교를 졸업한 후 어떤 순서로 진학합니까?
韓国では初等学校(小学校)を卒業してからどんな順序で進学するでしょうか。

02 여러분 나라의 교육 제도를 한국과 비교해서 이야기해 보세요.
皆さんの国の教育制度を韓国と比較して話してみましょう。

문학 맛보기

詩 일요일 행진곡

01 다음 사진 중에서 일요일과 관계있는 것은 무엇일까요? 친구들과 이야기해 보세요.
次の写真の中で日曜日と関連があるのはどれでしょうか。友達と話してみましょう。

02 다음은 「일요일 행진곡」입니다. 시를 낭송하면서 감상해 보세요. 39
次は詩人キム・ギリム(金起林) の「일요일 행진곡(日曜日行進曲)」です。 詩を朗読しながら鑑賞しましょう。

일요일 행진곡

김기림(1908~?)

월(月)
 화(火)
  수(水)
   목(木)
    금(金)
     토(土)

(중략)

우리들의
유쾌한
하늘과 하루

일요일
 일요일

『태양의 풍속』, 학예사, 1939

03 여러분이 좋아하는 요일은 언제이며 그 이유는 무엇인지 친구들과 이야기해 보세요.
皆さんは何曜日が好きですか。その理由を友達といっしょに話してみましょう。

행진곡 **行進曲** 　중략 **中略** 　우리들의 **私たちの** 　유쾌한 **愉快だ、楽しい** 　하늘 **空、天** 　하루 **一日**

제4과

집

家

제 4 과 집 家

Part 1

준비합시다　**1** 이, 그, 저　**2** 에(位置)　**3** 하고, 과/와

말해 봅시다　기숙사 시설 위치 알려 주기
寮内の施設の位置を教える

Part 2

준비합시다　**1** -(으)세요　**2** (으)로(方向)

말해 봅시다　장소 위치 설명하기
目的地の位置を説明する

Part 3

들어 봅시다　물건 위치를 묻는 대화 듣기
物の位置について尋ねる対話を聞く

읽고 써 봅시다　집 소개의 글 읽고 쓰기
家を紹介する文章を読んで書く

CULTURE & LITERATURE

문화 알아보기　온돌 オンドル

문학 맛보기　시 詩「섬」

Part 1

준비합시다

01 이, 그, 저

물건을 가리킬 때 말하는 사람과 듣는 사람의 거리에 따라 물건을 지시하는 말을 다르게 사용합니다. 어떻게 말할까요?
物を指し示すとき、話す人と聞く人の距離によって用語が異なる。どのように言えばいいでしょうか。

이 책이 한국어 책입니다.

그 책이 일본어 책입니다.

저 책이 중국어 책입니다.

문법

이, 그, 저 + N

'이、그、저'は名詞の前にきて物、場所、時間を表す指示語である。'이'は話者の近くにあるもの、'그'は話者から見て相手の近くにあるもの、'저'は話者とその相手の両者から離れている所にあるものを指す。

이 사람, 그 사람, 저 사람

연습

다음 그림을 보고 요코에게 가까이 있는 것부터 '이', '그', '저'를 사용해서 묻고 대답해 보세요. 次の絵を見て洋子の近くにあるものから'이'、'그'、'저'を使って質問して答えてみましょう。

- 일본어 책 日本語の本
- 중국어 책 中国語の本
- 이것 これ
- 그것 それ
- 저것 あれ
- 탁자 テーブル
- 침대 ベット
- 소파 ソファー
- 책장 本棚
- 옷걸이 ハンガー

보기 책상, 탁자, 침대

① 의자, 소파, 가방

② 책장, 전화, 책

③ 컴퓨터, 신문, 옷걸이

A 이것이 무엇입니까?
B 책상입니다.

A 그것이 무엇입니까?
B 탁자입니다.

A 저것이 무엇입니까?
B 침대입니다.

02 에(位置)

41

물건이 있는 장소나 위치를 말할 때 어떻게 말할까요?
物がある場所や位置をどのように話すでしょうか。

A 신문이 어디에 있습니까?

B 책상 위에 있습니다.

문법

N + 에

'에'は名詞の後につけて場所や位置を表す助詞である。

방 + 에 → 방에　　의자 위 + 에 → 의자 위에

연습

다음 그림을 보고 물건들이 어디에 있는지 묻고 대답해 보세요.
次の絵を見て各々の物がどこにあるか質問して答えてみましょう。

보기 우산

① 시계　② 공책
③ 사전　④ 전자사전
⑤ 필통　⑥ 연필

A 우산이 어디에 있습니까?

B 소파 옆에 있습니다.

- 있다 ある
- 위 上
- 우산 傘
- 시계 時計
- 전자사전 電子辞書
- 필통 筆箱
- 옆 横

Part 1

03 하고, 과/와

42

집에 여러 물건과 가구들이 있습니다. 두 개 이상의 사물들을 열거할 때 어떻게 말할까요? 家の中に色々な物や家具があります。2つ以上の物を続けて挙げるときは、どのように表現したらいいでしょうか。

A 방에 무엇이 있습니까?

B 책상과 의자가 있습니다.

A 책상 위에 무엇이 있습니까?

B 시계하고 전화가 있습니다.

문법

N + 하고, 과/와

'하고'、'과/와'は色々な物や人を列挙する助詞である。

子音, 母音 + 하고 예 책하고, 의자하고

子音 + 과 예 책과, 연필과, 가방과

母音 + 와 예 의자와, 사과와, 우유와

연습

다음 그림을 보고 거실과 방에 어떤 물건들이 있는지 말해 보세요.
次の絵を見て、居間と部屋にどんな物があるか挙げてみましょう。

A 거실에 무엇이 있습니까?

B 탁자와 소파가 있습니다.

A 방에 무엇이 있습니까?

B 침대와 화장대가 있습니다.

- 방 部屋
- 거실 居間
- 화장대 ドレッサー、化粧台

어휘

위치 位置

43

안

위

밑(아래)

옆

앞/뒤

A와/과 B 사이

건너편/맞은편

바로 옆

Part 1

말해 봅시다

기숙사 시설 위치 알려 주기 寮内の施設の位置を教える

여러분은 기숙사에 새로 이사 온 친구를 만났습니다. 그 친구에게 기숙사 시설들의 위치를 알려 주세요.
皆さんは入寮してきたばかりの友達に会いました。その友達に寮内の施設の位置を教えてあげましょう。

Try it!

말풍선을 따라 대화를 구성해 보세요.
吹出しにしたがって対話を完成してみましょう。

수진
寮内の施設の位置を教えます。

미셸
寮内の施設の位置を尋ねます。

1. 방 위치 묻기

안녕하세요

이 방 | 수진 씨 방?

2. 세탁실 위치 묻기

아니요, 마사코 씨 방

세탁실 | 어디 | 있다?

3. 휴게실 위치 묻기

지하 1층 | 있다
매점 옆 | 있다

휴게실 | 어디 | 있다?

4. 휴게실 위치 알려 주기

2층 | 있다
2층 | 휴게실+컴퓨터실 | 있다

앞으로 잘 부탁하다

대화

44

수진	미셸 씨, 안녕하세요?
미셸	안녕하세요? 이 방이 수진 씨 방입니까?
수진	아니요, 마사코 씨 방입니다.
미셸	수진 씨, 세탁실이 어디에 있습니까?
수진	지하 1층에 있습니다. 매점 옆에 있습니다.
미셸	휴게실이 어디에 있습니까?
수진	2층에 있습니다. 2층에 휴게실하고 컴퓨터실이 있습니다.
미셸	고맙습니다. 앞으로 잘 부탁합니다.

발음 濃音化 ①

パッチムの発音 [ㄱ]、[ㄷ]、[ㅂ] の後に'ㄱ'、'ㄷ'、'ㅂ'、'ㅅ'、'ㅈ'が続く場合は [ㄲ]、[ㄸ]、[ㅃ]、[ㅆ]、[ㅉ]と発音する。

있습니다[읻씀니다]　세탁실[세탁씰]

표현

■ 시설 위치 묻기 施設の位置を尋ねる

A : 세탁실이 어디에 있습니까?
B : 지하에 있습니다.

■ 부탁하기 頼む

잘 부탁합니다.
잘 부탁드립니다.
앞으로 잘 부탁합니다.

확장

반 친구와 학교 시설의 위치에 대해 말해 보세요.
クラスメートと学校の施設の位置について話してみましょう。

· 세탁실 洗濯室、ランドリー · 지하 地下 · 매점 売店 · 컴퓨터실 コンピュータルーム · 고맙다 ありがたい · 앞으로 これから
· 잘 부탁하다 よろしくお願いする

Part 2

준비합시다

01 –(으)세요

45

교실에서 선생님이 학생들에게 지시할 때 어떻게 말할까요?
教室で先生が学生たちに指示をするときは、どのように言えばいいでしょうか。

왕카이 씨, 이름을 쓰세요.

요코 씨, 크게 말하세요.

문법

V + (으)세요

'–(으)세요'は動詞の後について、どんな行動をとるべきか命令したり要請するときに使う。

子音 + 으세요 예 읽으세요, 앉으세요
母音, ㄹ + 세요 예 가세요, 사세요

연습

선생님이 학생에게 다음과 같이 지시합니다. 그림을 보고 말해 보세요.
先生が学生に次のように指示します。絵を見て話してみましょう。

보기

책을 펴다

A 여러분, 책을 펴세요.
B 네, 알겠습니다.

①

책 15쪽을 읽다

②

책을 덮다

③

일어서다

④

대답하다

⑤

앉다

⑥

조용히 하다

- 쓰다 書く
- 크게 말하다 大きな声で話す
- 여러분 皆さん
- 펴다 開く、広げる
- 알겠다 分かった
- 쪽 ページ
- 덮다 閉じる、かぶせる
- 일어서다 立つ
- 앉다 座る
- 조용히 하다 静かにする

02 (으)로(方向)

46

길을 모르는 상대방에게 목적지의 방향을 알려 줄 때는 어떻게 말할까요?
道がわからない相手に目的地の方向を教えるときは、どのように話せばいいでしょうか。

A 실례합니다. 은행이 어디에 있습니까?

B 오른쪽으로 가세요. 우체국 옆에 있습니다.

문법

N + (으)로

'으로'は場所や方向を意味する名詞の後について、その地点や方向を表す助詞である。

子音 + 으로 예 빵집으로, 옆으로

母音, ㄹ + 로 예 학교로, 길로

연습

다음 지도의 장소를 보고 상대방에게 목적지의 방향을 알려 주세요.
次の地図を見て、相手に目的地の方向を教えましょう。

- 실례하다 失礼する
- 은행 銀行
- 오른쪽 右側
- 우체국 郵便局
- 왼쪽 左側
- 빵집 パン屋
- 백화점 デパート
- 병원 病院
- 약국 薬局
- 편의점 コンビニエンスストアー

보기 영화관

① 우체국 ② 빵집
③ 백화점 ④ 병원
⑤ 약국 ⑥ 편의점

A 실례합니다. 영화관이 어디에 있습니까?

B 왼쪽으로 가세요. 학교 옆에 있습니다.

Part 2

말해 봅시다

장소 위치 설명하기 目的地の位置を説明する

길에서 모르는 사람이 여러분에게 서점의 위치를 묻습니다. 그 사람에게 서점의 위치를 설명해 주세요.
道で見知らぬ人があなたに本屋の位置を尋ねます。その人に本屋の位置を説明してあげましょう。

Try it!

말풍선을 따라 대화를 구성해 보세요.
吹出しにしたがって対話を完成してみましょう。

마이클
本屋の位置を尋ねます。

김정우
本屋の位置を説明します。

1. 서점 위치 묻기

실례합니다
이 근처 | 서점 | 있다?

네
지하철역 근처 | 있다

2. 서점 위치 설명하기

여기 | 어떻게 가다?

똑바로 가다
그리고 오른쪽 | 가다
우체국 맞은편 | 서점 | 있다

3. 거리 묻기

여기 | 가깝다?

가깝다

4. 인사하기

정말 고맙다

대화

마이클 저, 실례합니다. 이 근처에 서점이 있습니까?

김정우 네. 지하철역 근처에 있습니다.

마이클 여기에서 어떻게 갑니까?

김정우 똑바로 가세요. 그리고 오른쪽으로 가세요.
우체국 맞은편에 서점이 있습니다.

마이클 여기에서 가깝습니까?

김정우 네, 가깝습니다.

마이클 정말 고맙습니다.

47

표현

■ 장소 위치 묻기 目的地の位置を尋ねる

근처에 서점이 있습니까?
서점이 어디에 있습니까?
서점에 어떻게 갑니까?

■ 방향 지시하기 方向を示す

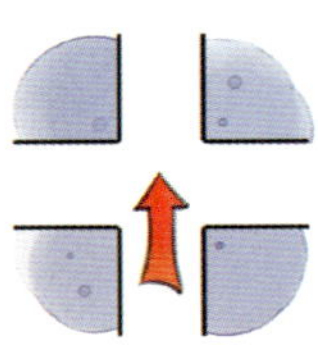

똑바로 가세요.
곧장/쭉 가세요.

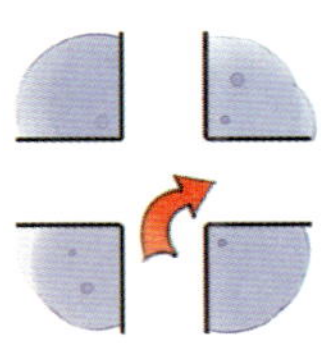

오른쪽으로 가세요.

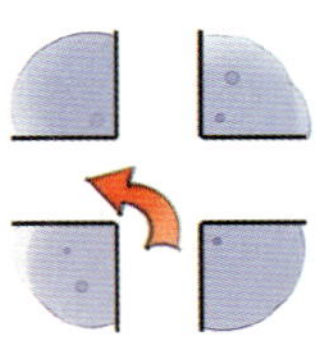

왼쪽으로 가세요.

확장

반 친구와 학교 근처에 있는 여러 장소의 위치에 대해 말해 보세요.
クラスメートと学校の近くにある色々な場所の位置について話してみましょう。

· 근처 **近所、近く** · 지하철역 **地下鉄の駅** · 여기 **ここ** · 어떻게 **どんなふうに、どう** · 똑바로 **まっすぐ** · 그리고 **そして、それから**
· 가깝다 **近い** · 정말 **本当、なるほど**

Part 3

들어 봅시다

물건 위치를 묻는 대화 듣기 物の位置を尋ねる対話を聞く

01 다음은 사무실 모습입니다. 사무실에 무엇이 있습니까? 말해 보세요.
次の絵は事務室の中です。中に何がありますか。話してみましょう。

02 마이클이 박영민에게 전화해서 물건 위치를 묻는 대화입니다. 잘 듣고 물음에 답하세요. マイケルがパク·ヨンミンに電話をしてある物の位置を尋ねている対話です。よく聞いて質問に答えましょう。 48

(1) 물건들이 어디에 있습니까? 아래 그림에 번호를 쓰세요.

① 지갑　　② 열쇠

(2) 맞는 것에 ✔표하세요.

① 마이클 씨가 집에 있습니다.　　네 ______ 아니요 ______

② 마이클 씨와 박영민 씨는 회사 동료입니다.　　네 ______ 아니요 ______

- 물건 物
- 지갑 財布
- 열쇠 鍵
- 회사 会社
- 동료 同僚

읽고 써 봅시다

집 소개의 글 읽고 쓰기 家を紹介する文章を読んで書く

01 다음은 이층집 모습입니다. 집 안 곳곳을 뭐라고 부르는지 말해 보세요.
次の絵は2階建ての家です。家の中の色々な場所を何と言うのか話してみましょう。

거실 · 침실 · 욕실 · 부엌 · 서재

02 집을 소개하는 글입니다. 다음을 읽고 물음에 답하세요. 49
家を紹介する文です。次の文章を読んで質問に答えましょう。

우리 집

우리 집은 이층집입니다. 1층에 거실과 부엌과 서재가 있습니다. 거실에 피아노가 있습니다. 서재에 책상과 컴퓨터가 있습니다. 2층에 부모님 침실과 욕실이 있습니다. 그리고 제 방과 동생 방이 있습니다. 집 앞에 정원이 있습니다. 정원에 나무와 꽃이 있습니다. 우리 집은 멋있습니다. 우리 집에 한번 놀러 오세요.

(1) 서재에 무엇이 있습니까? ____________________

(2) 집 앞에 무엇이 있습니까? ____________________

(3) 맞는 것에 ✓표 하세요.

① 욕실은 2층에 있습니다. 네 ____ 아니요 ____

② 피아노는 침실에 있습니다. 네 ____ 아니요 ____

③ 거실하고 부엌이 1층에 있습니다. 네 ____ 아니요 ____

- 이층집 2階建ての家
- 침실 寝室
- 욕실 浴室、風呂場
- 부엌 台所、キッチン
- 서재 書斎
- 우리 私たち
- 피아노 ピアノ
- 부모님 ご両親
- 동생 弟、妹
- 정원 庭、庭園
- 나무 木
- 꽃 花
- 멋있다 素敵だ、しゃれている
- 한번 一度
- 놀러 오다 遊びに来る

03 여러분의 집에 무엇이 있습니까? 여러분의 집을 소개하는 글을 써 보세요.
皆さんの家の中には何がありますか。皆さんの家を紹介する文を書いてみましょう。

문화 알아보기

オンドル 온돌

한국 집의 난방 장치는 온돌입니다. 온돌은 부엌 아궁이에서 불을 때면 화기가 방 밑을 통하여 방을 덥게 합니다. 온돌은 열 효율성이 높아서 온기가 오래갑니다. 온돌 덕분에 추운 겨울에도 집에서 따뜻하게 지낼 수 있습니다. 온돌은 한국의 전통 집에서뿐만 아니라 오늘날 아파트에서도 현대화되어 사용됩니다. 그래서 한국 사람들은 방이나 거실에 앉아서 생활합니다.

韓国の伝統的な家屋の暖房はオンドルです。オンドルは台所の焚き口から火をくべ、熱気が部屋の下を通ることによって部屋を暖めます。オンドルは熱効率が高いので温もりが長く保たれます。オンドルのおかげで寒い冬を家の中で暖かく過ごすことができます。オンドルは韓国の伝統家屋だけではなく今日、アパート(日本のマンションに相当)でも現代化して用いられています。そのため韓国人は部屋や居間に坐って生活します。

01 왜 한국 사람들은 방이나 거실에 앉아서 생활해 왔을까요?
なぜ韓国人は部屋の中で坐って生活してきたのでしょうか。

02 여러분 나라 집의 난방 장치는 무엇입니까?
皆さんの国では、家でどのような暖房を使用していますか。

01 사람과 사람 사이에 있는 사물은 무엇이며 그 의미는 무엇일까요?
人と人の間には何があるでしょう。そして、その意味はなんでしょうか。

02 다음은 「섬」입니다. 시를 낭송하면서 감상해 보세요.
次の詩はチョン·ヒョンジョン(鄭玄宗)の「섬〔島〕」です。詩を朗読しながら鑑賞しましょう。

섬

정현종(1939~)

사람들 사이에 섬이 있다
그 섬에 가고 싶다

『나는 별 아저씨』, 문학과 지성사, 1978

03 사람과 사람 사이에 무엇이 있다고 생각합니까? 여러분의 생각을 표현해 보세요.
人と人の間に何があると思いますか。皆さんの考えを表現してみましょう。

사람들 사이에 ______________________

______________________ 고 싶다.

섬 島　사람들 人たち、人々　가고 싶다 行きたい

제5과

하루 일과

一日の生活

제 5 과 하루 일과 一日の生活

Part 1 준비합시다 1 수 ② 2 시간 3 에(時間)

말해 봅시다 스포츠센터 프로그램 정보 얻기
スポーツセンターのプログラム情報を入手する

Part 2 준비합시다 1 부터～까지 2 −아/어요

말해 봅시다 하루 일과 말하기
一日の生活を話す

Part 3 들어 봅시다 하숙집 생활에 대한 대화 듣기
下宿生活についての対話を聞く

읽고 써 봅시다 하루 일과에 대한 글 읽고 쓰기
一日の生活についての文章を読んで書く

CULTURE & LITERATURE

문화 알아보기 한국인과 수 韓国人と数

문학 맛보기 시조 詩調「오륙도」

Part 1

준비합시다

01 수 ②

51

한국어로 물건의 수를 어떻게 셀까요?
韓国語では物の数をどのように数えるでしょうか。

하나

둘

셋

넷

수 個数 (하나～열)

1	하나		6	여섯
2	둘		7	일곱
3	셋		8	여덟
4	넷		9	아홉
5	다섯		10	열

문법

수

物や人の数を数えるときは'하나、둘、셋、넷…'を使う。物の数の単位を表す'개'の前では、'하나、둘、셋、넷…'は '한、두、세、네…'となる。

하나 + 개 → 한 개　　둘 + 개 → 두 개　　셋 + 개 → 세 개　　넷 + 개 → 네 개

연습

교실에 의자가 몇 개 있습니까? 교실에 있는 물건들을 세어 보세요.
教室に椅子が何脚ありますか。教室にある物の数を数えてみましょう。

보기

A 의자가 몇 개 있습니까?
B 네 개 있습니다.

① 
전자사전

② 
우산

③ 
벽시계

④ 
안경

⑤ 
책상

⑥ 
가방

몇 何
개 個

02 시간

52

한국어로 시간은 어떻게 말할까요?
韓国語で時間はどのように言うでしょうか。

A 지금 몇 시입니까?

B 아홉 시 십 분입니다.

시간 時間

한 시	두 시	세 시	네 시	다섯 시

여섯 시 십오 분	일곱 시 삼십 분 일곱 시 반	여덟 시 사십오 분 아홉 시 십오 분 전	열 시 오십오 분 열한 시 오 분 전	열두 시

문법

시간

時間は'한 시、두 시、세 시、네 시、다섯 시……'と言う。分は '일 분、이 분、삼 분……'と言い、30分は '반(火)'とも言う。

연습

다음 시계를 보고 몇 시인지 말해 보세요.
次の時計の絵を見て、何時か話してみましょう。

보기

①

②

③

A 몇 시입니까?

B 오전 여섯 시 삼십칠 분입니다.

④

⑤

· 분 分
· 오전 午前

03 에(時間)

53

하루 일과를 시간과 함께 말할 때 어떻게 말할까요?
一日の生活を、時間に沿って話してみましょう。

A 몇 시에 일어납니까?

B 6시에 일어납니다.

문법

N + 에

'에'は時間を表す言葉の後について、ある動作が起きるときを表す助詞である。'언제、지금、오늘、내일、어제'などの後には使わない。

일곱 시 + 에 → 일곱 시에　　아침 + 에 → 아침에

연습

다음 사람들은 몇 시에 무엇을 합니까? 보기와 같이 묻고 대답해 보세요.
次の人々は何時に何をしますか。例のように質問して答えてみましょう。

왕카이	7:20 AM	9:10 AM	3:00 PM	5:30 PM	8:00 PM
	일어나다 →	한국어를 배우다 →	숙제하다 →	중국어를 가르치다 →	운동하다
박영민	6:50 AM	8:30 AM	2:30 PM	7:00 PM	9:30 PM
	아침을 먹다 →	출근하다 →	회의하다 →	퇴근하다 →	쉬다
나타샤	7:20 AM	10:00 AM	2:00 PM	6:30 PM	10:30 PM
	아침 식사를 준비하다 →	커피를 마시다 →	친구를 만나다 →	텔레비전을 보다 →	잠을 자다

A 왕카이 씨는 몇 시에 일어납니까?

B 오전 7시 20분에 일어납니다.

- 일어나다 起きる
- 아침을 먹다 朝ごはんを食べる
- 출근하다 出勤する
- 회의하다 会議をする
- 퇴근하다 退社する、退勤する
- 아침 식사 朝食
- 준비하다 したくをする、準備をする
- 잠을 자다 寝る

어휘

일상생활 日常生活 54

일어나다

세수하다

아침 식사를 준비하다

아침을 먹다

출근하다

학교에 가다

회의하다

커피를 마시다

운동하다

인터넷을 하다

텔레비전을 보다

잠을 자다

Part 1

말해 봅시다

스포츠센터 프로그램 정보 얻기 スポーツセンターのプログラム情報を入手する

여러분은 스포츠센터에 등록하려고 합니다. 스포츠센터에 전화해서 필요한 정보를 물어 보세요. 皆さんはスポーツセンターに会員登録しようと思っています。スポーツセンターに電話をして必要な情報を調べてください。

Try it!

말풍선을 따라 대화를 구성해 보세요.
吹出しにしたがって対話を完成してみましょう。

이치로 スポーツセンターのプログラムの時間を尋ねます。	스포츠센터 직원 スポーツセンターのプログラムを教えます。

1. 전화하기

스포츠센터

말씀 좀 묻겠습니다

2. 프로그램 시작 날짜 묻기

다음 달 프로그램 | 언제 시작하다?

3일 월 | 시작하다

3. 수영 시간 묻기

수영 | 몇 시 | 하다?

매일 오전 7시, 8시 | 하다

4. 요가 시간 묻기

요가 | 언제 하다?

월수금 오후 6시 30분 | 하다

대화

55

직원	이화 스포츠센터입니다.
이치로	말씀 좀 묻겠습니다. 다음 달 프로그램이 언제 시작합니까?
직원	3일 월요일에 시작합니다.
이치로	그렇습니까? 수영은 몇 시에 합니까?
직원	매일 오전 7시와 8시에 합니다.
이치로	요가는 언제 합니까?
직원	요가는 월, 수, 금요일 오후 6시 30분에 합니다.
이치로	네, 알겠습니다. 고맙습니다.

발음 二重パッチム

パッチムは左側の子音が発音される場合と、右側の子音が発音される場合がある。'ㄼ'は'ㄹ'が発音され、'ㄺ'は'ㄱ'が発音される。

여덟[여덜]　닭[닥]

표현

■ 프로그램에 대해 묻기 プログラムについて尋ねる

다음 달 프로그램이 언제 시작합니까?
수영 시간은 언제입니까?
요가는 언제 합니까?

확장

여러분은 문화센터에 등록하려고 합니다. 문화센터에 전화해서 필요한 정보를 물어보세요. 皆さんは文化センターに会員登録しようと思っています。文化センターに電話して必要な情報を尋ねてくみましょう。

	월	화	수	목	금	토
16:00	요리 교실					사진 교실
17:00		노래 교실		노래 교실		
18:00					바이올린 교실	
19:00			밸리댄스 교실			

· 스포츠센터 **スポーツセンター** · 말씀 **お話: 尊敬語、話:謙譲語** · 묻다 **伺う、聞く** · 다음 달 **来月** · 프로그램 **プログラム** · 매일 **毎日**
· 요가 **ヨガ**

Part 2

준비합시다

01 부터 ~ 까지

56

시작하는 시간과 끝나는 시간을 어떻게 말할까요?
始まる時間と終わる時間は、どのように話せばいいでしょうか。

A 한국어 수업이 몇 시부터 몇 시까지입니까?

B 9시부터 1시까지입니다.

문법

N + 부터 N + 까지

'부터~까지'は時や場所を表す言葉の後について、ある動作や状態の始まる時点と終る時点を表す助詞だ。

월요일부터 금요일까지　　1시부터 2시까지

연습

친구들은 요즘 무엇을 합니까? 친구들의 일주일 일정에 대해서 말해 보세요.
友達は最近どのように過ごしていますか。友達の一週間のスケジュールについて話してみましょう。

일	월	화	수	목	금	토
보기 아르바이트를 하다 10:00 ~14:00	① 한국어를 공부하다 9:00~12:00					⑥ 한국 요리를 배우다 11:00 ~13:00
	② 영화를 보다 14:00 ~16:00	③ 수영하다 18:00 ~19:00	④ 태권도를 배우다 15:30 ~17:00	③ 수영하다 18:00 ~19:00	⑤ 중국어를 가르치다 16:30 ~18:00	

- 아르바이트를 하다 アルバイトをする
- 한국 요리 韓国料理

A 언제 아르바이트를 합니까?

B 일요일 오전 10시부터 오후 2시까지 아르바이트를 합니다.

02 -아/어요

57

비격식적인 상황에서 공손하게 말하고 싶을 때 어떻게 말할까요?
格式張らない状況で丁寧に話したいとき、どのように表現したらいいでしょうか。

A 마이클 씨, 어디에 가요?

B 은행에 가요.

문법

A/V + 아/어요

'-아/어요'は、格式張らない状況で用いる尊敬の語尾で、平叙文や疑問、命令、要請の文で使われる。

- 어간 'ㅏ', 'ㅗ' + 아요 예 앉아요
- 그 외의 어간 + 어요 예 먹어요
- 하다 → 해요 예 식사해요
- 이다 → 子音 + 이에요 예 학생이에요
  母音 + 예요 예 의사예요

연습

다음을 '-아/어요'를 사용해서 바꿔 보세요.
次の文を'-아요/어요'を使って書き換えましょう。

저는 중국 사람**입니다**. 은행에 **다닙니다**. 아침 9시에 **출근합니다**. 그리고 저녁 6시에 일이 **끝납니다**. 퇴근 후에 여자 친구를 **만납니다**. 여자 친구는 학생**입니다**. 여자 친구와 저녁을 **먹습니다**. 식사 후에 영화를 **봅니다**. 그리고 노래방에 **갑니다**.

▼

저는 중국 사람이에요. 은행에 ____________. 아침 9시에 ____________. 그리고 저녁 6시에 일이 ____________. 퇴근 후에 여자 친구를 ____________. 여자 친구는 학생____________. 여자 친구와 저녁을 ____________. 식사 후에 영화를 ____________. 그리고 노래방에 ____________.

- 다니다 **通う**
- 아침 **朝**
- 퇴근 후 **仕事の後、退社した後**
- 여자 친구 **ガールフレンド、彼女**
- 노래방 **ノレバン、カラオケボックス**

Part 2

말해 봅시다

하루 일과 말하기 一日の生活を話す

여러분이 한국 친구를 만났습니다. 그 친구에게 여러분의 직업과 하루 일과를 말해 보세요. 皆さんは韓国人の友達に会いました。その友達に皆さんの職業や一日の生活を話してみましょう。

Try it!

말풍선을 따라 대화를 구성해 보세요.
吹出しにしたがって対話を完成してみましょう。

김수진 韓国人 一日の生活について尋ねます。	리처드 貿易会社の社員、夕方、韓国語の勉強 一日の生活を話します。

1. 직업 묻기

- 무슨 일 | 하다
- 무역 회사 | 다니다
저녁 | 한국어 | 공부하다

2. 한국어 수업 시간 묻기

- 수업 | 몇 시~몇 시?
- 저녁 7시~9시

3. 한국어 수업 요일 묻기

- 매일 한국어 | 공부하다?
- 아니요
월요일~목요일 | 학교 | 가다

4. 퇴근 후 일과 묻기

- 금요일 | 퇴근 후 | 뭐 하다?
- 친구 | 만나다
술 | 마시다

대화

김수진 리처드 씨는 무슨 일을 해요?
리처드 저는 무역 회사에 다녀요. 그리고 저녁에 한국어를 공부해요.
김수진 수업이 몇 시부터 몇 시까지예요?
리처드 저녁 7시부터 9시까지예요.
김수진 매일 한국어를 공부해요?
리처드 아니요. 월요일부터 목요일까지 학교에 가요.
김수진 금요일은 퇴근 후에 뭐 해요?
리처드 친구들을 만나요. 그리고 술을 마셔요.

58

Tip '-아/어요'はイントネーションによって叙述、疑問を表すことができる。相手に尋ねるときはイントネーションを少し上げる。

표현

■ 시간 말하기 時間帯を話す

A: 언제 한국어를 공부해요?
B: 저녁 7시에 공부해요.

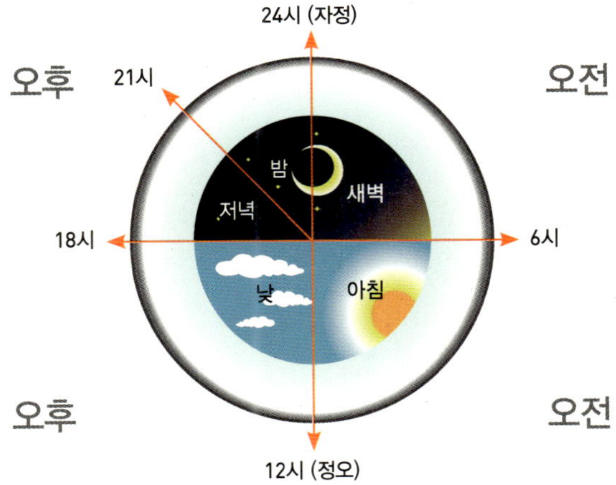

확장

반 친구와 하루 일과를 묻고 대답해 보세요.
クラスメートと、一日の生活について質問して答えてみましょう。

무역 회사 **貿易会社** 뭐 **何** 술 **酒**

Part 3

들어 봅시다

하숙집 생활에 대한 대화 듣기 下宿生活についての対話を聞く

01 기숙사, 하숙집에는 어떤 규칙이 있습니까? 어떤 규칙이 있는지 이야기해 보세요. 寮、下宿にはどんな規則がありますか。どんな規則があるか話してみましょう。

02 요코 씨가 하숙집 생활에 대해 묻는 대화입니다. 잘 듣고 물음에 답하세요. 59
洋子さんが下宿生活について尋ねている対話です。よく聞いて質問に答えましょう。

(1) 토요일 아침 식사 시간은 몇 시까지입니까?

① 7시　　② 8시　　③ 9시

(2) 몇 시에 하숙집 문을 닫습니까?

(3) 다음 중 맞는 것을 고르세요.

① 저녁 식사 시간은 6시까지입니다.

② 일요일 아침 식사 시간은 8시까지입니다.

③ 평일 아침 식사 시간은 7시부터 8시까지입니다.

표현

■ 식사 시간 묻기 食事の時間を尋ねる

아침은 몇 시에 먹어요?
아침 식사 시간은 몇 시예요?
식사 시간은 언제예요?

- 식사 시간 **食事の時間**
- 하숙집 **下宿**
- 평일 **平日**
- 문을 닫다 **ドアを閉める**

읽고 써 봅시다

하루 일과에 대한 글 읽고 쓰기 一日の生活についての文章を読んで書く

01 다음 사람의 직업은 무엇일까요? 이 사람의 하루 일과에 대해 추측해서 이야기해 보세요. 次の人の職業は何でしょうか。その人の一日について推測して話してみましょう。

02 프랑크 씨의 하루 일과를 소개하는 글입니다. 다음을 읽고 물음에 답하세요. 60
フランクさんの一日を紹介する文章です。読んで質問に答えましょう。

하루 일과

저는 오전 9시에 일어납니다. 9시 10분에 샤워합니다. 9시 30분에 아침을 먹습니다. 보통 빵과 우유를 먹습니다. 아침 식사 후에 옷을 입습니다. 그리고 10시까지 출근합니다. 저는 요리사입니다. 프랑스 식당에서 일합니다. 우리 식당 점심시간은 11시부터 3시까지입니다. 점심시간에 손님들이 많습니다. 그래서 아주 바쁩니다. 저는 보통 3시 30분에 점심을 먹습니다. 그 후에 다시 일합니다. 10시에 식당을 청소합니다. 그리고 문을 닫습니다. 10시 30분에 집에 갑니다. 퇴근 후에 샤워합니다. 11시에 텔레비전을 봅니다. 11시 30분에 잡니다.

(1) 이 사람의 직업은 무엇입니까?

① 학생 ② 요리사 ③ 회사원

(2) 프랑크 씨는 몇 시에 점심을 먹습니까?

① 11시 30분 ② 1시 30분 ③ 3시 30분

- 샤워하다 シャワーをする
- 우유 牛乳
- 프랑스 식당 フランス料理店、フレンチレストラン
- 손님 お客さま
- 그래서 それで、すなわち
- 아주 非常に、とても
- 바쁘다 忙しい
- 보통 普通
- 다시 もう一度、また
- 청소하다 掃除する

03 여러분의 하루 일과는 어떻습니까? 여러분의 하루 일과를 소개하는 글을 써 보세요.
皆さんは普段どのように過ごしていますか。皆さんの一日の生活を紹介する文を書いてみましょう。

문화 알아보기

韓国人と数 한국인과 수

한국 사람들은 숫자 중에서 특히 3을 좋아합니다. 동양 사상에서 숫자 1은 양을 의미하고 2는 음을 의미합니다. 3은 1과 2를 더한 수로서 양과 음이 합하여 만든 완전한 수라고 생각합니다. 그래서 한국 사람들은 전통적으로 3을 완전한 수라고 생각하여 좋아했습니다. 한국 사람들은 게임에서 승패를 가를 때 또는 가위바위보를 할 때도 보통 세 번을 합니다.

그렇지만 한국 사람들은 숫자 4를 좋아하지 않습니다. 죽음을 뜻하는 한자어 사(死)와 똑같이 발음하기 때문입니다.

韓国人は数字の中で特に3が好きです。東洋思想では数字1は陽を意味し、2は陰を意味します。3は、1と2を合わせた数字で陽と陰を合わせて作った完全な数だと考えました。そのため韓国人は伝統的に3が好きです。韓国人はゲームで勝敗が分かれるとき、あるいは、じゃんけんをするときも、普通3回します。

けれども、韓国人は数字4は好きではありません。死を意味する漢字サ(死)と同じ発音だからです。

01 한국 사람들은 왜 숫자 3을 좋아합니까?
韓国人はなぜ数字3が好きですか。

02 여러분 나라에서도 특별히 좋아하거나 싫어하는 숫자가 있습니까? 어떤 숫자입니까?
皆さんの国でも特に好きな数字や嫌いな数字がありますか。それはどんな数字ですか。

詩調 오륙도

01 다음의 사진과 관계있는 숫자는 무엇일까요?
次の写真と関連がある数字は何でしょうか。

칠면조의 색

삼각형

02 다음은 「오륙도」입니다. 시조를 낭송하면서 감상해 보세요. 61
次の詩調はイ・ウンサン(李殷相)の「오륙도(五六島)」です。朗読しながら鑑賞してみましょう。

오륙도(五六島)

이은상(1903~1982)

오륙도 다섯 섬이 다시 보면 여섯 섬이
흐리면 한두 섬이 맑으신 날 오륙도라
흐리락 맑으락 하매 몇 섬인 줄 몰라라
(후략)

『노산시조선집』, 남향문화사, 1958

Tip 詩調とは高麗末期(13C)に形式が完成し、朝鮮時代を経て現代まで創作され続けている韓国固有の詩の形式だ。平詩調は3つの章により構成され、6句12音符に字数が約45字で構成されている定型詩だが、句と字数に変化を施した旕時調(オッシジョ、または中型時調)、辞説時調(サソルシジョ)など異った形態も存在する。しかし、異った形態と言っても必ず終章の初音符が3音節でなければならないという共通した制約がある。様々なテーマが込められており音律が調っているので、歌詩に相応しいジャンルのうちのひとつである。

03 여러분 나라에도 숫자와 관계된 지명이 있습니까? 친구들과 이야기해 보세요.
皆さんの国にも数字と関連した地名がありますか。友達と話してみましょう。

오륙도 五六島　흐리다 曇っている　맑다 晴れている　모르다 知らない、わからない

제6과

주말

週末

제 6 과 주말 週末

Part 1

준비합시다	**1** 에서(場所) **2** 안 **3** 으 탈락
말해 봅시다	주말 활동 이야기하기 週末の過ごし方を話す

Part 2

준비합시다	**1** -았/었- **2** 도
말해 봅시다	여행 경험 말하기 旅行の経験を話す

Part 3

들어 봅시다	어제 한 일에 대한 대화 듣기 昨日したことについての対話を聞く
읽고 써 봅시다	여행 경험에 대한 글 읽고 쓰기 旅行の経験についての文章を読んで書く

CULTURE & LITERATURE

문화 알아보기	한국인의 주말 활동 韓国人の週末の過ごし方
문학 맛보기	시 詩「고백」

Part 1

준비합시다

01 에서(場所)

62

여러분은 주로 어디에서 친구를 만납니까? 어디에서 만나는지 그 장소를 어떻게 말할까요? 皆さんは主にどこで友達と会いますか。会う場所についてどのように話したらいいでしょうか。

A 보통 어디에서 친구를 만나요?

B 학교 앞에서 만나요.

문법

N + 에서

'에서'は動作が行われる場所を示す助詞である。

교실 + 에서 → 교실에서　　기숙사 + 에서 → 기숙사에서

연습

다음 장소에서 무엇을 하는지 말해 보세요.
次の場所で何をするのか話してみましょう。

	사람	장소	무엇을 해요?
보기	마이클	영화관	영화를 보다
①	잔느	백화점	쇼핑하다
②	요코	도서관	책을 빌리다
③	리처드	우체국	편지를 보내다
④	왕카이	놀이동산	놀이기구를 타다
⑤	나타샤	은행	돈을 찾다
⑥	이치로	공원	운동하다

A 마이클 씨는 어디에서 무엇을 해요?

B 영화관에서 영화를 봐요.

- 쇼핑하다 ショッピングをする
- 빌리다 借りる
- 놀이동산 テーマパーク
- 놀이기구 遊具
- 돈을 찾다 お金を下ろす
- 공원 公園

02 안

63

여러분은 주말에 어떤 일을 하고, 어떤 일을 안 합니까? 하지 않는 일을 이야기할 때 어떻게 말할까요?
皆さんは週末に何をして何をしませんか。しないことについて、どのように話したらいいでしょうか。

A 마이클 씨, 토요일에 회사에 가요?

B 아니요, 회사에 안 가요. 집에서 쉬어요.

문법

안 + A/V

'안'は動作や状態の否定を表す。'공부하다', '운동하다' など'N+하다'となっている場合は'공부 안 하다', '운동 안 하다'などを使う。

안 + 만나다 → 안 만나다　　쇼핑 + 안 + 하다 → 쇼핑 안 하다

연습

다음 설문지를 보고 이 사람의 주말 활동에 대해서 말해 보세요.
次のアンケート用紙を見て、その人の週末の過ごし方について話してみましょう。

설문지

이름 : 마이클　　나이 : 27

질문	네	아니요	질문	네	아니요
1. 주말에 영화를 봅니까?	☑	☐	6. 주말에 쇼핑합니까?	☑	☐
2. 주말에 친구를 만납니까?	☑	☐	7. 주말에 음악을 듣습니까?	☑	☐
3. 주말에 낮잠을 잡니까?	☐	☑	8. 주말에 책을 읽습니까?	☐	☑
4. 주말에 여행을 갑니까?	☐	☑	9. 주말에 외식을 합니까?	☑	☐
5. 주말에 운동합니까?	☐	☑	10. 주말에 청소합니까?	☐	☑

마이클 씨는 주말에 보통 영화를 봅니다. 그리고 친구를 만납니다. 그렇지만 낮잠을 안 잡니다.

- 설문지 **アンケート用紙**
- 나이 **年齢、年**
- 주말 **週末**
- 여행을 가다 **旅行をする**
- 낮잠 **昼寝**
- 외식을 하다 **外食をする**

03 으 탈락

일이 많고 바빠서 상대방에게 시간을 내 줄 수 없을 때 어떻게 말할까요?
仕事がとても忙しくて、相手のために時間が割けないとき、どのように話したらいいでしょうか。

A 영민 씨, 지금 시간 있어요?

B 아니요, 지금 좀 바빠요.

문법

으 탈락

語幹が'ㅡ'で終わる動詞や形容詞の後に'아/어'ではじまる語尾が続いたら'ㅡ'が脱落する。

예쁘다 + 어요 → 예뻐요　　나쁘다 + 아요 → 나빠요

연습

다음의 단어를 사용해서 대화를 완성해 보세요.
次の単語を使って対話を完成させましょう。

예쁘다 · 아프다 · 크다 · 바쁘다 · 끄다 · 쓰다

보기	A: 리처드 씨, 이 사진 좀 보세요. 우리 아이예요. B: 아이가 정말 __예뻐요__.
①	A: 마이클 씨 남동생은 키가 커요? B: 네, 190cm예요. 키가 아주 ________.
②	A: 요코 씨, 어디에 가요? B: 네, 병원에 가요. 머리가 많이 ________.
③	A: 왕카이 씨, 저 좀 도와주세요. B: 정말 미안해요. 지금 제가 너무 ________.
④	A: 지금 뭐 해요? B: 이메일을 ________.
⑤	A: 수업 시간에 휴대전화를 사용해요? B: 아니요. 휴대전화를 ________.

- 시간(이) 있다 時間がある
- 예쁘다 きれいだ、美しい かわいい
- 아프다 痛い
- 끄다 切る
- 키 背、身長
- 도와주다 手伝う
- 미안하다 すまない
- 휴대전화 携帯電話

어휘

주말 활동 週末の過ごし方

65

산책하다

등산하다

여행하다

쇼핑하다

외식하다

가족과 외출하다

노래방에 가다

집안일을 하다

낮잠을 자다

시간 관련 어휘 時間に関連した語彙

어제	오늘	내일
지난주	이번 주	다음 주
지난달	이번 달	다음 달
작년	올해	내년

Part 1

말해 봅시다

주말 활동 이야기하기 週末の過ごし方を話す

여러분은 이웃집 주부를 만났습니다. 이웃집 주부와 주말에 무엇을 하는지에 대해 서로 이야기해 보세요. 皆さんは近所の主婦に会いました。週末に何をするかについてその人と話しましょう。

Try it!

말풍선을 따라 대화를 구성해 보세요.
吹出しにしたがって対話を完成してみましょう。

나타샤
専業主婦です。

소라
兼業主婦です。

1. 소라의 주말 활동 묻기

주말 | 뭐 하다?

토요일 | 집 | 쉬다
일요일 | 집안일 | 하다

2. 주말 활동 설명하기

그래요?
외출 | 안 하다?

직장 생활 | 피곤하다
주말 | 외출 안 하다
주말 | 뭐 하다?

3. 나타샤의 주말 활동 말하기

저 | 가족 | 외식하다
쇼핑하다

좋겠다

4. 평일 활동 말하기

저 | 평일 | 집안일 | 많다
바쁘다

대화

66

나타샤 소라 씨, 주말에 보통 뭐 해요?
소라 토요일에 집에서 쉬어요. 그리고 일요일에 집안일을 해요.
나타샤 그래요? 외출은 안 해요?
소라 직장 생활이 피곤해요. 그래서 주말에 보통 외출 안 해요. 나타샤 씨는 주말에 뭐 해요?
나타샤 저는 가족과 같이 외식해요. 그리고 쇼핑해요.
소라 나타샤 씨는 정말 좋겠어요.
나타샤 네, 그런데 저는 평일에 집안일이 많아요. 그래서 평일에 좀 바빠요.

Tip '뭐'は'무엇'の縮約形で口語体でよく使われる。
무엇 → 뭐　조금 → 좀
무엇을 해요? → 뭘 해요? / 뭐 해요?　조금 바빠요. → 좀 바빠요.

발음 口蓋音化
パッチム 'ㄷ'、'ㅌ' の後に母音'ㅣ' が続くとき、'ㄷ'、'ㅌ'は [ㅈ]、[ㅊ]と発音される。
같이[가치]　해돋이[해도지]

표현

■ 주말 활동에 대해 묻기 週末の過ごし方について尋ねる

주말에 보통 뭐 해요? / 주말에 어떻게 지내요? / 주말을 어떻게 보내요?

■ 부러움 표현하기 うらやましい気持ちを表現する

정말 좋겠어요. / 정말 부러워요.

확장

주말에 보통 무엇을 하는지 반 친구와 이야기해 보세요.
普段、週末に何をするのか、クラスメートと話してみましょう。

집안일 **家事**　외출하다 **外出する**　직장 생활 **ビジネスライフ、職場で過ごす時間**　피곤하다 **疲れる**

Part 2

준비합시다

01 -았/었-

여러분은 지난 주말에 무엇을 했습니까? 과거의 일을 말할 때 어떻게 말할까요?
皆さんは先週の週末に何をしましたか。過去のことを話すときは、どのように表現するでしょうか。

A 요코 씨, 주말에 뭐 했어요?

B 토요일에 영화를 봤어요. 그리고 일요일에 공원에 갔어요.

문법

A/V + 았/었

'았/었'は状況や事件が既に起こったことを意味する語尾である。

· 어간 'ㅏ', 'ㅗ' + 았 예 앉았어요
· 그 밖의 어간 + 었 예 먹었어요
· 하다 → 했다 예 공부했어요
· 이다 → 子音 + 이었다 예 학생이었어요
母音 + 였다 예 친구였어요

연습

다음은 사람들이 지난 휴가에 한 일입니다. 무엇을 했는지 말해 보세요.
次の表は各々の人が休暇にしたことです。何をしたのか話してみましょう。

	이름	여행지	한 일	
보기	미셸	제주도	수영하다	말을 타다
①	나타샤	부산	바다를 보다	회를 먹다
②	유스케	경주	불국사를 구경하다	박물관에 가다
③	진차오	설악산	등산하다	사진을 찍다

A 미셸 씨, 지난 휴가에 뭐 했어요?

B 제주도에 갔어요. 제주도에서 수영했어요. 그리고 말을 탔어요.

· 휴가 休暇
· 제주도 済州島
· 수영하다 水泳する
· 말 馬
· 타다 乗る
· 부산 釜山
· 회 刺身
· 경주 慶州
· 불국사 仏国寺
· 구경하다 見物する
· 박물관 博物館
· 설악산 雪嶽山
· 사진을 찍다 写真を撮る

02 도

68

여러 가지 물건을 샀을 때 하나를 말하고 또 다른 하나를 보태서 이야기할 때 어떻게 말할까요? 色々な物を買うときに1つの物を挙げ、また他の物を続けて挙げるときには、どのように表現したらいいですか。

A 티엔 씨, 뭘 샀어요?

B 구두를 샀어요. 그리고 가방도 샀어요.

문법

N + 도

'도'は対象や物の後について '～も' という意味を表す助詞である。

커피 + 도 → 커피도　　김밥 + 도 → 김밥도

연습

그림을 보고 이야기해 보세요.
絵を見て話してみましょう。

보기

중국 음식/한국 음식
좋아하다

① 

공부/운동
잘하다

② 

갈비/냉면
먹다

③ 

볼펜/공책
싸다

④ 

어머니/딸
예쁘다

⑤ 

컴퓨터/텔레비전
있다

A 중국 음식을 좋아해요?

B 네, 중국 음식을 좋아해요. 그리고 한국 음식도 좋아해요.

- 사다 買う
- 구두 靴
- 좋아하다 好きだ
- 잘하다 上手だ
- 갈비 カルビ
- 냉면 冷麺
- 볼펜 ボールペン
- 어머니 お母さん、母
- 딸 娘

Part 2

말해 봅시다

여행 경험 말하기 旅行の経験を話す

여러분은 여름 휴가가 끝나고 학교에 와서 친구를 만났습니다. 친구에게 휴가 동안에 무엇을 했는지 이야기해 보세요.
皆さんは夏休みが終わり学校に来て友達に会いました。友達に休暇の間、何をしたのか話してみましょう。

Try it!

말풍선을 따라 대화를 구성해 보세요.
吹出しにしたがって対話を完成してみましょう。

왕카이
マイケルに休暇について尋ねます。

마이클
休暇に済州島に行ったことについて話します。

1. 휴가에 대해 묻기

오랜만이에요
휴가 | 잘 보내다?

네, 잘 보내다

2. 휴가에 한 일 이야기하기

휴가 | 뭐 하다?

제주도 | 다녀오다

3. 여행 일정 이야기하기

얼마 동안 여행하다?

3박 4일

4. 여행지에서 한 일 이야기하기

거기 | 뭐 하다?

한라산 | 올라가다
바닷가 | 수영 | 하다
정말 재미있다

대화

69

왕카이	오랜만이에요. 휴가는 잘 보냈어요?
마이클	네, 잘 보냈어요.
왕카이	휴가에 뭐 했어요?
마이클	제주도에 다녀왔어요.
왕카이	그래요? 얼마 동안 여행했어요?
마이클	3박 4일 동안 여행했어요.
왕카이	거기에서 뭐 했어요?
마이클	한라산에 올라갔어요. 그리고 바닷가에서 수영도 했어요. 정말 재미있었어요.

Tip 旅行に行って泊った夜の日数を数えるときは'泊'を使う。

1박 2일 [일박 이일]
2박 3일 [이박 삼일]
3박 4일 [삼박 사일]
4박 5일 [사박 오일]

표현

■ 지난 휴가에 대해 묻기 この前の休暇について質問する

휴가는 잘 보냈어요?
휴가는 어떻게 보냈어요?
휴가에 뭐 했어요?
어디를 여행했어요?
어디에 다녀왔어요?
어디에 갔다 왔어요?

확장

반 친구와 여행 경험에 대해 이야기해 보세요.
クラスメートと、旅行した経験について話してみましょう。

· 오랜만 **久し振り** · 잘 **よく、うまく** · 보내다 **過ごす** · 다녀오다 **行ってくる** · 동안 **間、期間** · 3박 4일 **3泊4日** · 거기 **そこ**
· 한라산 **漢拏山** · 올라가다 **上がる、登る** · 바닷가 **海岸、浜**

Part 3

들어 봅시다

어제 한 일에 대한 대화 듣기 昨日したことについての対話を聞く

01 두 사람은 지금 데이트를 하고 있습니다. 어떤 이야기를 하고 있는지 추측해 보세요. 2人は今、デートをしています。どんな話をしているのか推測してみましょう。

02 두 사람이 어제 한 일에 대해 이야기하는 대화입니다. 잘 듣고 맞는 것에 ✓표 하세요. 2人が昨日したことについて話しています。正しいものにチェックしましょう。 70

(1) 율리아 씨와 유스케 씨는 어제 1층 로비에서 약속이 있었습니다.

네 _____ 아니요 _____

(2) 금요일 10시에 텔레비전에서 스포츠 뉴스를 합니다.

네 _____ 아니요 _____

(3) 유스케 씨는 율리아 씨에게 거짓말을 했습니다.

네 _____ 아니요 _____

표현

■ 망설임 표현하기 ためらいを表現する

에, 생각이 잘 안 나요.
저, 기억이 잘 안 나요.
글쎄요, 잘 모르겠어요.

- 로비 ロビー
- 약속이 있다 約束がある、先約がある
- 스포츠 뉴스 スポーツ·ニュース
- 거짓말을 하다 嘘をつく

읽고 써 봅시다

여행 경험에 대한 글 읽고 쓰기 旅行の経験についての文章を読んで書く

01 이것은 무엇일까요? 무엇을 알리는 글인지 이야기해 보세요.
これは何でしょうか。何を知らせる文なのか話してみましょう。

봄 학기 문화 수업

5월 24일 (금요일)에 문화 수업을 갑니다. 민속촌에 갑니다.
학교 1층 로비에 8시 50분까지 오세요.

02 여행 경험에 대한 글입니다. 다음을 읽고 물음에 답하세요. 71
次は旅行の経験についての文章です。読んで質問に答えましょう。

민속촌에서

저는 지난 금요일에 문화 수업을 갔습니다. 선생님과 반 친구들과 같이 민속촌에 갔습니다. 11시쯤 민속촌에 도착했습니다. 민속촌에서 한국의 옛날 집을 봤습니다. 그리고 한국의 전통 결혼식도 봤습니다. 그 다음에 민속촌 안에 있는 식당에서 점심을 먹었습니다. 저는 순두부찌개를, 요코 씨는 불고기를 먹었습니다. 맛있었습니다. 점심식사 후에 우리는 사진을 많이 찍었습니다. 그리고 기념품도 샀습니다. 4시쯤 서울에 돌아왔습니다. 조금 피곤했습니다. 그렇지만 재미있었습니다.

(1) 맞는 것에 ✔표 하세요.

① 문화 수업은 1박 2일이었습니다. 네 ____ 아니요 ____
② 점심 식사 전에 기념품을 샀습니다. 네 ____ 아니요 ____
③ 나는 순두부찌개와 불고기를 먹었습니다. 네 ____ 아니요 ____
④ 지난 금요일에 한국 전통 결혼식을 구경했습니다. 네 ____ 아니요 ____

- 봄 학기 **春学期**
- 민속촌 **民族村**
- 반 **クラス**
- 쯤 **ころ**
- 도착하다 **着く、到着する**
- 옛날 **昔**
- 전통 **伝統**
- 순두부찌개 **スンドゥブ(純豆腐)チゲ**
- 불고기 **プルコギ、焼き肉**
- 기념품 **記念品、お土産**
- 돌아오다 **帰ってくる**

03 여러분은 기억에 남는 여행이 있습니까? 기억에 남는 여행에 대해 써 보세요.
皆さんは思い出に残っている旅行がありますか。その旅行について書いてみましょう。

문화 알아보기

韓国人の週末の過ごし方 한국인의 주말 활동

한국에서는 2004년부터 주5일 근무제를 실시하고 있습니다. 그래서 그 후로 가족이나 친구들과 보낼 수 있는 시간이나 여가 시간을 많이 가질 수 있게 되었습니다. 따라서 많은 한국 사람들은 주말에 가족과 함께 산이나 공원으로 나들이를 가거나 쇼핑을 합니다. 그리고 자신이 좋아하는 레포츠를 즐기는 사람들도 점점 늘어나고 있습니다. 낚시, 등산, 번지점프, 서바이벌 게임, 윈드서핑, 인라인 스케이팅 등 다양한 종류의 레포츠가 인기를 끌고 있습니다. 그 중에서도 특히 등산은 1,500만 명 이상이 즐기는 한국의 대표적인 레포츠입니다.

韓国では2004年から週5日制を実施しています。ですからその後、家族や友達と過ごす時間や余暇を楽しむ時間を多く持てるようになりました。そして、多くの韓国人は週末に家族と一緒に山や公園に出かけたり、ショッピングをします。そして、自分が好きなレジャースポーツを楽しむ人たちもだんだん増えています。釣、登山、バンジージャンプ、サバイバルゲーム、ウィンドサーフィン、インラインスケートなど各種のレジャースポーツが人気を集めており、特に登山は1,500万人以上が楽しむ韓国の代表的なレジャースポーツです。

01 한국 사람들이 즐기는 대표적인 레포츠는 어떤 것이 있습니까?
韓国人が楽しむ代表的なスポーツは何でしょうか。

02 여러분 나라에서 인기 있는 주말 레포츠는 무엇인지 소개해 보세요.
皆さんの国で人気がある週末のレジャースポーツは何ですか。紹介してみましょう。

문학 맛보기

01 다음 그림들에 맞는 어휘를 찾아보세요.
次の絵に合う語彙を見つけてみましょう。

전깃줄 · 감전되다

02 다음은 「고백」입니다. 시를 낭송하면서 감상해 보세요.
次の詩はコ·ジョンヒ(高靜熙)の「고백(告白)」です。朗読しながら鑑賞してみましょう。

72

고백

고정희(1948~1991)

너에게로 가는
그리움의 전깃줄에
나는
감
전
되
었
다

『아름다운 사람 하나』, 들꽃세상, 1990

03 좋아하는 사람에게 어떻게 마음을 전할 수 있을까요? 여러분의 마음을 고백하는 글을 써 보세요. 好きな人に、どうしたら自分の気持を伝えることができるでしょうか。皆さんの想いを告白する文を書いてみましょう。

고백 告白　그리움 恋しさ、懐かしさ　전깃줄 電線　감전되다 感電する

제7과

가족

家族

제 7 과 가족 家族

Part 1
준비합시다 **1** 나이 **2** 은/는(対照)
말해 봅시다 친구에게 형제 소개하기
友達に兄弟を紹介する

Part 2
준비합시다 **1** -(으)시- **2** ㄹ 탈락 **3** 만
말해 봅시다 친구에게 가족 소개하기
友達に家族を紹介する

Part 3
들어 봅시다 가족사진에 대한 대화 듣기
家族写真についての対話を聞く

읽고 써 봅시다 가족 소개의 글 읽고 쓰기
家族の紹介の文章を読んで書く

CULTURE & LITERATURE

문화 알아보기 가족 호칭 家族の呼び方
문학 맛보기 시 詩「엄마야 누나야」

Part 1

준비합시다

01 나이

73

한국어로 나이를 어떻게 말할까요?
韓国語で年齢はどのように話すでしょうか。

요코 씨는 스물다섯 살입니다. 그리고 나타샤 씨는 서른세 살입니다.

나이 年齢

10	20	30	40	50	60	70	80	90	100
열	스물	서른	마흔	쉰	예순	일흔	여든	아흔	백
열 살	스무 살	서른 살	마흔 살	쉰 살	예순 살	일흔 살	여든 살	아흔 살	백 살

문법

나이

年齢を話すときは'하나、둘、셋、넷…'を用い、後に '살'をつける。

하나 + 살 → 한 살　다섯 + 살 → 다섯 살

연습

사진을 보고 요코 씨 반 친구들의 나이를 묻고 대답해 보세요.
写真を見て、洋子さんのクラスメートの年齢を質問して答えてみましょう。

A 이 사람은 누구입니까?
B 이치로 씨입니다.
A 이치로 씨는 몇 살입니까?
B 서른 살입니다.

살 歳

02 은/는(対照)

민수와 형은 모두 안경을 썼습니까? 두 사람의 다른 점을 어떻게 말할까요?
ミンスと兄は2人とも眼鏡をかけていますか。2人の違いをどのように話したらいいでしょうか。

나는 안경을 썼습니다. 형은 안경을 안 썼습니다.

문법

N + 은/는

'은/는'は対照の意味を表す助詞である。

子音 + 은 예 선생님은, 티엔은
母音 + 는 예 친구는, 나타샤는

연습

그림을 보고 차이점에 대해 말해 보세요.
絵を見て違いについて話してみましょう。

보기

마이클/키가 크다 요코/키가 작다

①

시장/싸다 백화점/비싸다

② 마이클

수영을 잘하다 농구를 못하다

③ 요코

사과를 좋아하다 수박을 싫어하다

마이클은 키가 큽니다. 요코는 키가 작습니다.

- 안경을 쓰다 **眼鏡をかける**
- 형 **兄**
- 키가 크다 **背が高い**
- 키가 작다 **背が低い**
- 시장 **市場**
- 농구 **バスケットボール**
- 못하다 **下手だ**
- 사과 **りんご**
- 수박 **すいか**
- 싫어하다 **嫌いだ**

Part 1

말해 봅시다

친구에게 형제 소개하기 友達に兄弟を紹介する

여러분의 형제를 친구에게 소개해 보세요. 여러분과 비슷한 점, 다른 점을 말해 보세요.
皆さんの兄弟を友達に紹介してみましょう。皆さんと似ている点、違う点を話してみましょう。

Try it!

말풍선을 따라 대화를 구성해 보세요.
吹出しにしたがって対話を完成してみましょう。

수진
友達のお姉さんについて尋ねます。

요코
自分の姉を紹介します。

1. 형제 수 묻기

형제 | 몇 명?

언니 | 하나 | 있다

2. 외모 비교하기

요코 | 누구 | 닮다?

저 | 아빠 | 닮다
언니 | 엄마 | 닮다

3. 나이 말하기

언니 | 몇 살?

26살

4. 취미 말하기

언니 | 운동 | 좋아하다?

언니 | 운동 | 안 좋아하다
영화 | 좋아하다

대화

75

수진	요코 씨는 형제가 몇 명이에요?
요코	언니가 한 명 있어요.
수진	요코 씨는 누구를 닮았어요?
요코	저는 아빠를 닮았어요. 그렇지만 언니는 엄마를 많이 닮았어요.
수진	그래요? 언니는 지금 몇 살이에요?
요코	스물여섯 살이에요.
수진	언니도 운동을 좋아해요?
요코	아니요, 언니는 운동을 안 좋아해요. 영화를 좋아해요.

표현

- 형제의 수 묻기 兄弟の人数を尋ねる

A: 형제가 몇 명이에요? / 형제가 어떻게 돼요?
B: 오빠가 한 명, 남동생이 한 명 있어요.

A: 형제가 많아요?
B: 아니요, 저 혼자예요.

확장

친구에게 여러분의 형제를 소개해 보세요. 형제의 나이, 취미, 직업 등에 대해 이야기해 보세요. 友達に皆さんの兄弟を紹介してみましょう。兄弟の年齢、趣味、職業などについて話してみましょう。

· 형제 兄弟 · 언니 お姉さん(妹が姉を呼ぶ語、女性が自分より年上の女性を親しく呼ぶ語) · 닮다 似ている · 아빠 お父さん、パパ
· 엄마 お母さん、ママ

Part 2

준비합시다

01 -(으)시-

76

말하는 사람보다 나이가 많거나 지위가 높은 사람에 대해 이야기할 때는 어떻게 말할까요? 話者より年上の人や地位が高い人について話すときは、どのように表現したらいいでしょうか。

수미가 방에 있습니다. 텔레비전을 봅니다.

어머니가 부엌에 계십니다. 저녁을 준비하십니다.

문법

A/V + (으)시

'-으시-'は文の主語を敬う意味を表す語尾である。

子音 + 으시 예 읽으시다, 앉으시다　　母音, ㄹ + 시 예 가시다, 만드시다

※ 動詞の中で尊敬表現が特別の形になるもの

· 있다 → 계시다　　· 자다 → 주무시다

· 먹다, 마시다 → 드시다, 잡수시다　　· 죽다 → 돌아가시다

연습

아버지는 지난주에 무엇을 하셨습니까? 다음을 보고 말해 보세요.
お父さんは先週何をましたか。次の表を見て話してみましょう。

월요일	① 화요일	② 수요일	③ 목요일	④ 금요일	⑤ 토요일	⑥ 일요일
보기 등산하다	〈오전〉 집에서 쉬다	〈오전〉 친구를 만나다	학원에서 운전을 배우다	〈오전〉 골프를 치다	여행을 가다	영화를 보다
	〈오후〉 산책하다	〈오후〉 낮잠을 자다		〈오후〉 책을 읽다		

· 학원 塾、学院
· 운전 運転
· 골프를 치다 ゴルフをする

A 아버지는 지난주 월요일에 뭘 하셨어요?

B 월요일에 등산을 하셨어요. 아버지는 등산을 좋아하세요.

02 ㄹ 탈락

마이클은 무엇을 하고 있습니까? 마이클이 지금 무엇을 하는지 어떻게 말할까요? マイケルは何をしていますか。今、マイケルがしていることを、どのように話したらいいでしょうか。

A 마이클이 지금 무엇을 합니까?

B 스파게티를 만듭니다.

문법

ㄹ 탈락

'ㄹ'で終わる動詞は、後に'ㄴ, ㅂ, ㅅ'で始まる語尾がくると、語幹の'ㄹ'が脱落する。

만들 + ㅂ니다 → 만듭니다　　살 + ㅂ니다 → 삽니다

연습

다음의 단어를 사용해서 대화를 완성해 보세요.
次の単語を使って対話を完成させましょう。

알다 · 길다 · 열다 · 살다 · 멀다 · 만들다

보기	A : 민수 씨, 가족이 모두 서울에서 삽니까? B : 아니요, 형은 인천에서 삽니다.
①	A : 요코 씨, 창문을 좀 ________. 교실이 너무 덥습니다. B : 알겠습니다.
②	A : 마이클 씨 전화번호를 ________? B : 네, 잠깐만요, 010-2370-8845입니다.
③	A : 고향이 어디입니까? B : 대전입니다. 서울에서 조금 ________.
④	A : 수미 씨 언니도 머리가 ________? B : 아니요, 언니는 머리가 안 ________.
⑤	A : 민수 씨가 지금 무엇을 합니까? B : 의자를 ________.

- 스파게티 スパゲッティ
- 만들다 作る
- 알다 知る、分かる
- 길다 長い
- 열다 開く
- 살다 生きる、暮す
- 멀다 遠い
- 가족 家族
- 인천 仁川
- 창문 窓
- 덥다 暑い
- 고향 故郷
- 대전 大田

Part 2

03 만

78

많은 것 중 어느 것을 선택하거나, 하나만 있음을 강조해서 말할 때는 어떻게 말할까요?
多くの物の中からどれかを選んだり、1つだけあることを強調するときには、どのように話したらいいでしょうか。

A 창호 씨 형도 키가 커요?

B 아니요, 우리 가족은 모두 키가 작아요. 저만 키가 커요.

문법

N + 만

'만'は他のものを除いて、あるものを限定する助詞で、英語'only'に当たる。

요코 + 만 → 요코만　　마이클 + 만 → 마이클만

연습

다음은 요코의 반 친구들에 대한 정보입니다. 표를 보고 이야기해 보세요.
次の表は洋子のクラスメートについての情報です。表を見て話してみましょう。

	보기 결혼하다	① 직장에 다니다	② 서울에서 살다	③ 매일 운동을 하다
마이클	×	○	○	×
나타샤	○	×	×	×
티엔	×	×	○	×
왕카이	×	×	○	○

A 요코 씨 친구들은 모두 결혼했어요?

B 아니요, 나타샤 씨만 결혼했어요.

· 결혼하다 結婚している
· 모두 みんな、全部

어휘

가족 관계 家族関係 79

직업 職業

Part 2

말해 봅시다

친구에게 가족 소개하기 友達に家族を紹介する

친구가 여러분의 가족에 대해 묻습니다. 친구에게 여러분의 가족을 소개해 보세요.
友達が皆さんの家族について尋ねています。友達に皆さんの家族を紹介してみましょう。

Try it!

말풍선을 따라 대화를 구성해 보세요.
吹出しにしたがって対話を完成してみましょう。

요코 マイケルの家族について尋ねます。	마이클 家族4名：父(58), 母(56), 兄, 私

1. 가족 수 묻고 답하기

가족 | 몇 명?

4명
아버지 + 어머니 | 계시다
형 | 하나 | 있다

2. 부모님 연세 묻고 답하기

부모님 | 연세?

아버지 | 58
어머니 | 56

3. 사는 곳 묻고 답하기

가족 | 모두 |
미국 | 살다

부모님 | 미국 | 살다
형 + 저 | 한국 | 살다

4. 직업 묻고 답하기

형 | 무슨 일 | 하다?

기자

대화

80

요코 마이클 씨, 가족이 몇 명이에요?

마이클 모두 네 명이에요.
아버지와 어머니가 계시고 형이 한 명 있어요.

요코 부모님은 연세가 어떻게 되세요?

마이클 아버지는 쉰여덟, 어머니는 쉰여섯이세요.

요코 가족이 모두 미국에서 살아요?

마이클 아니요, 부모님만 미국에서 사세요.
형과 저는 한국에서 살아요.

요코 그래요? 형은 무슨 일을 해요?

마이클 기자예요.

Tip その他の敬称表現
나이 → 연세　사람 → 분　생일 → 생신　집 → 댁
할아버지 생신은 7월 2일입니다.　어제 교수님 댁에 갔습니다.

발음 激音化 ①
パッチム'ㅎ' の後に'ㄱ'、'ㄷ'、'ㅂ'、'ㅈ'、がくるとき [ㅋ]、[ㅌ]、[ㅍ]、[ㅊ]と発音する。
어떻게[어떠케]　많다[만타]

표현

■ 가족의 수 묻기 家族の人数を尋ねる

A: 가족이 몇 명이에요? / 가족이 어떻게 돼요?
B: 네 명이에요. 아버지와 어머니가 계시고 동생이 한 명 있어요.

■ 나이 묻기 年齢を尋ねる

A: 몇 살이에요? / 몇 살이세요?
B: 서른두 살이에요.

A: 아버지 연세가 어떻게 되세요?
B: 예순둘이세요.

확장

반 친구에게 가족을 소개해 보세요. 나이, 사는 곳, 직업 등을 말해 보세요.
クラスメートに家族を紹介してみましょう。家族の年齢、住んでいる場所、職業などについて話してみましょう。

Part 3

들어 봅시다

가족사진에 대한 대화 듣기 家族写真についての対話を聞く

01 영민 씨의 가족사진입니다. 사진을 보고 이야기를 나눠 보세요.
ヨンミンさんの家族写真です。写真を見て話しをしてみましょう。

02 마이클 씨가 영민 씨의 가족사진을 보고 궁금한 것을 묻는 대화입니다. 잘 듣고 물음에 답하세요. マイケルさんがヨンミンさんの家族写真を見て、知りたいことを尋ねています。よく聞いて質問に答えましょう。 81

(1) 이 사진은 언제 찍었습니까?

____

(2) 영민 씨의 딸과 아들은 지금 몇 살입니까?

① 딸 : ____________ 살　　② 아들 : ____________ 살

(3) 다음 중 맞는 것을 고르세요.

① 영민 씨의 아내는 지금 직장에 다닙니다.

② 영민 씨의 아들은 영민 씨를 닮았습니다.

③ 영민 씨는 결혼을 했습니다.

· 아들 息子
· 아내 妻、家内
· 직장에 다니다 職場に通う

읽고 써 봅시다

가족 소개의 글 읽고 쓰기 家族を紹介する文章を読んで書く

01 다음 사진을 보고 가족 구성원과 수에 대해 이야기해 보세요.
次の写真を見て家族の構成員と人数について話してみましょう。

02 창호 씨의 가족을 소개하는 글입니다. 다음을 읽고 물음에 답하세요. 82
次はチャンホの家族を紹介する文章です。読んで質問に答えましょう。

우리 가족

우리 가족은 모두 다섯 명입니다. 아버지와 어머니가 계시고 누나와 남동생이 있습니다. 아버지는 경찰관이십니다. 어머니는 중학교에서 수학을 가르치십니다. 누나는 간호사입니다. 누나는 작년에 결혼했습니다. 남동생은 고등학교 3학년입니다. 내년에 대학교에 갑니다. 저는 한국대학교 4학년 학생입니다. 저는 법학을 공부합니다. 제 꿈은 변호사입니다.

(1) 가족의 직업을 쓰세요.

① 아버지 : ________ ② 어머니 : ________ ③ 누나 : ________

(2) 다음 중 맞는 것을 고르세요.

① 이 사람은 변호사입니다. ② 남동생은 고등학생입니다.

③ 누나는 내년에 결혼합니다.

- 중학교 中学校
- 수학 数学
- 고등학교 高等学校
- 내년 来年
- 4학년 4年生
- 법학 法学
- 꿈 夢

03 가족을 소개하는 글을 써 보세요.
家族を紹介する文を書いてみましょう。

문화 알아보기

家族の呼び方 가족 호칭

한국 사람은 가족을 부를 때 윗사람은 아랫사람의 이름을 부릅니다. 예를 들어 부모가 자식을 부를 때는 '정우야'라고 합니다. 그렇지만 아랫사람은 윗사람을 부를 때 이름이 아니라 관계를 부릅니다. 예를 들어 동생이 형이나 누나, 오빠, 언니를 부를 때 이름을 부르지 않고 '형', '누나', '오빠', '언니'라고 부릅니다. 그리고 다른 사람에게 가족을 소개할 때 '내 아버지', '내 언니'라고 말하지 않고 '우리 아버지', '우리 언니'라고 말합니다.

韓国人は家族を呼ぶとき、目上の人は下の人の名前を言います。例えば、両親が子供を呼ぶときは '정우야'と言います。しかし、目下の人が上の人を呼ぶときは名前ではなく関係で言います。例えば弟や妹が兄や姉を呼ぶときは、名前を呼ばず'형'、'누나'、'오빠'、'언니'と言います。そして、他の人に家族を紹介するときは'내 아버지'、'내 언니'ではなく'우리 아버지'、'우리 언니'と言います。

01 한국에서 부모는 자녀를 어떻게 부르는지, 그리고 자녀들은 부모를 어떻게 부르는지 말해 보세요. 韓国では親は自分の子供をどのように呼ぶのか、そして、子供たちは親をどのように呼ぶのか話してみましょう。

02 여러분 나라에서는 부모님이나 형제를 부를 때 어떻게 부릅니까? 그리고 다른 사람에게 가족을 소개할 때 어떻게 합니까?
皆さんの国では親や兄弟をどのように呼びますか。そして、他の人に家族をどのように紹介しますか。

문학 맛보기

詩 엄마야 누나야

01 여러분은 고향에 살 때 어디에서 누구와 살았는지 친구들과 이야기해 보세요.
皆さんは故郷では、どこで誰と暮していましたか。友達と話してみましょう。

02 다음은 「엄마야 누나야」입니다. 시를 낭송하면서 감상해 보세요. 83
次の詩はキム·ソウォル(金素月)の「엄마야 누나야(かあさん、ねえさん)」です。朗読しながら鑑賞しましょう。

엄마야 누나야

김소월(1902~1934)

엄마야 누나야 강변 살자
뜰에는 반짝이는 금 모래빛,
뒷문 밖에는 갈잎의 노래
엄마야 누나야 강변 살자

『진달래꽃』, 매문사, 1925

Tip キム・ソウォルは韓国人に最も愛されている詩人の1人で、本名はキム・ジョンシキ(金廷湜)、ソウォル(素月)は号である。キム・ソウォルは韓国の伝統的な律格である七・五調を多用し韓国固有の'ハン(恨)'の情緒を最も美しく歌った詩人として評価されている。代表作に「つつじの花(진달래꽃)」、「行く道(가는 길)」、「山有花(산유화)」、「道(길)」、「招魂(초혼)」などがある。5、6年ほどの短い文学活動期間に154篇もの作品を残している。

03 여러분은 누구와 함께 어디에서 살고 싶습니까? 여러분의 생각을 표현해 보세요.
皆さんは誰と一緒にどこで暮したいですか。皆さんの考えを表現してみましょう。

__________ 아/야 __________ 아/야 __________ 살자.

강변 川辺、河岸　뜰 庭　반짝이는 きらめく、きらきら　금 모래빛 金色に光る砂　뒷문 裏門、背戸　밖 外　갈잎 葦の葉

付錄

| 부록 |

듣기 지문 및 정답

聞取りのスクリプト及び正解

찾아보기

索引

듣기 지문 및 정답 聞取りのスクリプト及び正解

1과

모음 (1)

1. (1) ① (2) ② (3) ③ (4) ③ (5) ② (6) ①

모음 (2)

1. (1) ① (2) ③ (3) ② (4) ③ (5) ① (6) ②

받침

1. (1) ② (2) ① (3) ① (4) ① (5) ② (6) ②

문장 만들기

1. (1) ① (2) ② (3) ② (4) ①

3. (1) 학생이 책을 읽습니다. (2) 한국 사람이 김치를 먹습니다. (3) 선생님이 학생을 만납니다. (4) 개가 갑니다.

2과

들어 봅시다

티엔 마이클 씨, 안녕하세요?
마이클 티엔 씨, 안녕하세요?
티엔 김 선생님 사무실은 2층입니까?
마이클 아니요, 3층입니다.
티엔 3층 몇 호입니까?
마이클 3층 13호입니다.
티엔 김 선생님 전화번호는 무엇입니까?
마이클 010-4372-1586입니다.
티엔 고맙습니다.

2. (1) ② (2) 010-4372-1586

읽고 써 봅시다

2. ②

3과

들어 봅시다

이치로 김정우 씨, 지금 어디에 갑니까?
김정우 컴퓨터실에 갑니다. 요즘 컴퓨터를 배웁니다. 이치로 씨는 어디에 갑니까?
이치로 도서관에 갑니다. 시험이 있습니다.
김정우 시험이 언제입니까?
이치로 10월 24일입니다.
김정우 금요일입니까?
이치로 네, 그렇습니다.

2. (1) ② (2) ③ (3) 10월 24일입니다.

읽고 써 봅시다

2. (1) ① 아니요 ② 네 (2) ③

4과

들어 봅시다

박영민 여보세요?
마이클 영민 씨, 저 마이클입니다. 제가 지금 회사 밖에 있습니다.
그런데 지갑과 열쇠가 가방 안에 없습니다. 혹시 지갑이 제 컴퓨터 옆에 있습니까?
박영민 잠깐만 기다리세요. 컴퓨터 옆에요? 컴퓨터 옆에 없습니다.
아, 여기 의자 밑에 있습니다. 그런데 열쇠는 없습니다.
마이클 책상 위를 보세요. 열쇠가 책상 위에 없습니까?
박영민 책상 위에 없습니다.
마이클 그러면 서랍 안을 보세요.
박영민 네, 여기 서랍 안에 있습니다.
마이클 아, 그래요? 정말 고맙습니다.

2. (1) ① 의자 밑에 표시 ② 서랍 안에 표시 (2) ① 아니요 ② 네

읽고 써 봅시다

2. (1) 책상과 컴퓨터 (2) 정원 (3) ① 네 ② 아니요 ③ 네

5과

들어 봅시다

요코	아주머니, 안녕하세요? 제가 요코예요.
하숙집 아주머니	요코 씨, 만나서 반가워요. 이 방이 요코 씨 방이에요.
요코	네, 고맙습니다. 아주머니, 아침 식사 시간은 몇 시예요?
하숙집 아주머니	평일에는 7시부터 8시까지 아침 식사 시간이에요. 그렇지만 토요일과 일요일에는 7시부터 9시까지 아침을 먹어요.
요코	저녁 식사 시간은 언제예요?
하숙집 아주머니	저녁 식사 시간은 6시부터 7시까지예요. 그리고 밤 11시에 하숙집 문을 닫아요. 밤 11시까지 들어오세요.
요코	네, 알겠습니다. 앞으로 잘 부탁합니다.

2. (1) ③ (2) 밤 11시 (3) ③

읽고 써 봅시다

2. (1) ② (2) ③

6과

들어 봅시다

율리아	유스케 씨, 어제 약속 잊었어요? 1층 로비에서 많이 기다렸어요.
유스케	미안해요. 어제 아주 바빴어요.
율리아	그래요? 어제 수업 후에 뭐 했어요?
유스케	우리 반 친구들하고 같이 식사 후에 도서관에서 숙제를 했어요.
율리아	그래요? 그러면 어젯밤에 몇 시에 집에 들어갔어요?
유스케	어젯밤요? 음-음- 8시에 들어갔어요. 그리고 텔레비전을 봤어요.
율리아	무슨 프로그램이었어요?
유스케	에- 생각이 잘 안 나요.
율리아	10시 스포츠 뉴스였어요?
유스케	네, 맞아요. 스포츠 뉴스였어요. 아주 재미있었어요.
율리아	유스케 씨, 금요일 10시에 스포츠 뉴스를 안 해요. 그 시간에 다른 여자와 데이트를 했지요?

2. (1) 네 (2) 아니요 (3) 네

읽고 써 봅시다

2. (1) ① 아니요 ② 아니요 ③ 아니요 ④ 네

7과

들어 봅시다

마이클 이거 영민 씨 가족 사진이에요?
박영민 네, 작년 아들 돌에 찍었어요.
마이클 영민 씨는 언제 결혼했어요?
박영민 6년 전에 했어요.
마이클 그래요? 이 분이 영민 씨 부인이세요?
박영민 네, 제 아내예요.
마이클 부인이 정말 예쁘세요. 부인도 직장에 다니세요?
박영민 아니요, 결혼 전에는 일을 했어요. 그렇지만 지금은 안 해요.
마이클 이 아이들이 영민 씨 아들과 딸이군요. 몇 살이에요?
박영민 딸은 5살, 아들은 3살이에요.
마이클 그렇군요. 아들이 영민 씨를 닮았어요.

2. (1) 작년 아들 돌 때 (2) ① 5살 ② 3살 (3) ②

읽고 써 봅시다

2. (1) ① 경찰관 ② 교사(선생님) ③ 간호사 (2) ②

찾아보기 索引

지은이 소개 執筆者の紹介

이미혜 李美惠

이화여자대학교 교육대학원 외국어로서의 한국어교육전공 전임강사 梨花女子大学校 教育大学院 對外韓語教育専攻専任講師

이화여자대학교 국어국문학과 박사 梨花女子大学校 国語国文学科博士

김현진 金炫辰

이화여자대학교 언어교육원 특임교수 梨花女子大学校 言語教育院特任教授

이화여자대학교 독어독문학과 박사 梨花女子大学校 独語独文学科博士

구재희 具材姫

이화여자대학교 언어교육원 강사 梨花女子大学校 言語教育院講師

이화여자대학교 국어국문학과 박사 梨花女子大学校 国語国文学科博士

이수행 李受幸

이화여자대학교 언어교육원 강사 梨花女子大学校 言語教育院講師

상명대학교 한국학과 박사 수료 祥明大学校 韓国学科博士修了

권경미 權景美

이화여자대학교 언어교육원 강사 梨花女子大学校 言語教育院講師

이화여자대학교 국어국문학과 박사 梨花女子大学校 国語国文学科博士

유선희 柳善姫

전 이화여자대학교 언어교육원 전임강사 前 梨花女子大学校 言語教育院専任講師

이화여자대학교 독어독문학과 박사 梨花女子大学校 独語独文学科博士

윤영 尹永

전 이화여자대학교 언어교육원 강사 前 梨花女子大学校 言語教育院講師

연세대학교 한국학협동과정 박사 延世大学校 韓国学協同過程博士

CDの目録

トラック	単元	タイトル	ページ
1	1과	pt. 2 모음(1) 읽기	22
2	1과	pt. 2 모음(1) 연습1	23
3	1과	pt. 2 모음(1) 연습2	23
4	1과	pt. 2 자음(1) 읽기	24
5	1과	pt. 2 자음(1) 연습1	25
6	1과	pt. 2 자음(1) 연습2	25
7	1과	pt. 2 모음(2) 읽기	26
8	1과	pt. 2 모음(2) 연습1	27
9	1과	pt. 2 모음(2) 연습2	27
10	1과	pt. 2 자음(2) 읽기	28
11	1과	pt. 2 자음(2) 연습1	29
12	1과	pt. 2 자음(2) 연습2	29
13	1과	pt. 2 받침 읽기	30
14	1과	pt. 2 받침 연습1	31
15	1과	pt. 2 받침 연습2	31
16	1과	pt. 3 문장 만들기 읽기	32
17	1과	pt. 3 문장 만들기 연습1	33
18	1과	pt. 3 문장 만들기 연습2	33
19	1과	pt. 3 문장 만들기 연습3	33
20	2과	pt. 1 준비합시다1	36
21	2과	pt. 1 준비합시다2	37
22	2과	pt. 1 말해 봅시다	39
23	2과	pt. 2 준비합시다1	40
24	2과	pt. 2 준비합시다2	41
25	2과	pt. 2 말해 봅시다	43
26	2과	pt. 3 들어 봅시다	44
27	2과	pt. 3 읽고 써 봅시다	45
28	2과	문학 맛보기	47
29	3과	pt. 1 준비합시다1	50
30	3과	pt. 1 준비합시다2	51
31	3과	pt. 1 준비합시다3	52
32	3과	pt. 1 어휘	53
33	3과	pt. 1 말해봅시다	55
34	3과	pt. 2 준비합시다1	56
35	3과	pt. 2 준비합시다2	57
36	3과	pt. 2 말해 봅시다	59
37	3과	pt. 3 들어 봅시다	60
38	3과	pt. 3 읽고 써 봅시다	61
39	3과	문학 맛보기	63
40	4과	pt. 1 준비합시다1	66
41	4과	pt. 1 준비합시다2	67
42	4과	pt. 1 준비합시다3	68

トラック	単元	タイトル	ページ
43	4과	pt. 1 어휘	69
44	4과	pt. 1 말해 봅시다	71
45	4과	pt. 2 준비합시다1	72
46	4과	pt. 2 준비합시다2	73
47	4과	pt. 2 말해 봅시다	75
48	4과	pt. 3 들어 봅시다	76
49	4과	pt. 3 읽고 써 봅시다	77
50	4과	문학 맛보기	79
51	5과	pt. 1 준비합시다1	82
52	5과	pt. 1 준비합시다2	83
53	5과	pt. 1 준비합시다3	84
54	5과	pt. 1 어휘	85
55	5과	pt. 1 말해 봅시다	87
56	5과	pt. 2 준비합시다1	88
57	5과	pt. 2 준비합시다2	89
58	5과	pt. 2 말해 봅시다	91
59	5과	pt. 3 들어 봅시다	92
60	5과	pt. 3 읽고 써 봅시다	93
61	5과	문학 맛보기	95
62	6과	pt. 1 준비합시다1	98
63	6과	pt. 1 준비합시다2	99
64	6과	pt. 1 준비합시다3	100
65	6과	pt. 1 어휘	101
66	6과	pt. 1 말해 봅시다	103
67	6과	pt. 2 준비합시다1	104
68	6과	pt. 2 준비합시다2	105
69	6과	pt. 2 말해 봅시다	107
70	6과	pt. 3 들어 봅시다	108
71	6과	pt. 3 읽고 써 봅시다	109
72	6과	문학 맛보기	111
73	7과	pt. 1 준비합시다1	114
74	7과	pt. 1 준비합시다2	115
75	7과	pt. 1 말해 봅시다	117
76	7과	pt. 2 준비합시다1	118
77	7과	pt. 2 준비합시다2	119
78	7과	pt. 2 준비합시다3	120
79	7과	pt. 2 어휘	121
80	7과	pt. 2 말해 봅시다	123
81	7과	pt. 3 들어 봅시다	124
82	7과	pt. 3 읽고 써 봅시다	125
83	7과	문학 맛보기	127